文章修养

为你量身定制的作文参考书

唐弢・著

开明文库
语文大师教你能读会写

开明出版社

图书在版编目（CIP）数据

文章修养 / 唐弢著.—北京：开明出版社，2021.3（2024.4重印）
（开明文库. 语文大师教你能读会写）
ISBN 978-7-5131-6415-3

Ⅰ.①文… Ⅱ.①唐… Ⅲ.①汉语－文章学 Ⅳ.①H152

中国版本图书馆CIP数据核字（2020）第225364号

责任编辑：卓玥　张慧明

书　名：文章修养
出版人：陈滨滨
著　者：唐　弢
出　版：开明出版社（北京市海淀区西三环北路25号青政大厦6层）
印　刷：保定市中画美凯印刷有限公司
开　本：880mm × 1230mm　1/32
印　张：6
字　数：108千字
版　次：2021年3月 第1版
印　次：2024年4月 第2次印刷
定　价：42.00元

“开明文库 · 语文大师教你能读会写”

出版说明

语文是我国现代教育的基础学科，其目标“在养成阅读书籍的习惯，培植欣赏文字的能力，训练写作文字的技能”，因此阅读与写作是语文教学的重中之重，亦是叶圣陶等诸多语文教育大家热心关切的领域。这些大家不仅是中国现代汉语规范的创立者，亦是语文教育的开拓者，他们结合自己的经验，“谨慎的用心的写出”富有启发性的指导书籍，成为润泽无数青年的熠熠经典。“开明文库 • 语文大师教你能读会写”系列从中精选出十本，以飨读者。

《如何阅读一本书：好方法比努力更重要》，是叶圣陶、朱自清为中学国文教学编写的指导用书——《精读指导举隅》和《略读指导举隅》的合集，精选了说明文、议论文、抒情文、小说、诗歌等各类文体的经典之作为实例，全方位地阐释阅读过程中应当注意的问题和方法，堪称指导阅读的宝典。

《好读书而求甚解——叶圣陶谈阅读》，是叶圣陶阅读思想和阅读经验的汇集，内容涉及阅读的重要性及如何养成良好阅读习惯，是培养阅读自觉性、提升阅读能力的必读书目。

《文心：别开生面的语文课》，是夏丏尊、叶圣陶精心合作的"读书故事"，以青少年成长为线索，把学习语文的知识和技能巧妙地融进 32 个有趣的故事中，使抽象的语文知识和中学生的生活，以及社会上的大小时事交融在一起，既是一本谈"文章作法"的书，也是一本介绍"文学入门"的书，享有"为天下之至文"的美誉。

《文章例话——好文章究竟好在哪里》，由叶圣陶为《新少年》杂志"文章展览"专栏写的一系列侧重评论和赏析的文章汇集而成。书中选用了二十七篇名家的代表作，文后有叶圣陶的点评，细细道出好文章究竟好在哪里，又有哪些可取之处，对培养"鉴赏力"、学会阅读和欣赏文章大有裨益。

《七十二堂写作课——夏丏尊、叶圣陶教你写文章》，选自夏丏尊、叶圣陶二人合编的《国文百八课》。夏丏尊和叶圣陶认为文章的知识有一百零八个方面，就将每个知识精心地设计为一课，遗憾的是因"全面抗战"爆发，只编写了七十二课。这"七十二课"的"选文"有日记、游记、随笔、记叙文、小说、诗歌、散文、报告书、说明文、学术文、诗歌、仪式文、宣言和议论文，对每一篇选文都有十分清晰的介绍和评析，是青年人学习写作、提高写作技能不可不读的好书。

《落花水面皆文章——叶圣陶谈写作》，汇集了叶圣陶传授写作经验和技能的三十一篇文字，回答了写好文章需要做哪些准备、如何安排文章的结构、怎样评判文章的好坏等常识性的问题。既有行之有效的写作技巧，又有精辟入里的理论指导，值得一读。

《作文杂谈》，是张中行总结了自己半个多世纪以来写作经历的甘苦的结晶。言为心声，信笔写来却自成系统，他以一位前辈写作者的角度，阐述写作中可能遇到的诸多难题困惑的解决方法，中肯贴切、谦逊风趣，具有极强的实操性和现实指导意义。

《文章作法：写好文章就这几步》，是夏丏尊在长沙第一师范和白马湖春晖中学执教时编就的讲义稿；后经教育家刘薰宇在立达学园教学实践中，修改补充而成。从五类常用的文体出发，着重介绍相应的语文知识和写作方法。依据书中提及但未及细述的主题，编者还特从夏丏尊文集中选取文章补充于文前和附录中，方便读者深入理解夏丏尊语文教育思想，更加有效地提高实际写作能力。

《作文基本功：如何写得生动有趣》，原名《修辞概要》，是著名语文教育家、语言学家张志公集学术性与实用性于一体的写作指导书。全书分选词、造句、修饰、谋篇布局和写作风格五个部分，结合一般写作中的弊病对症下药，详细解答了修辞与写作中的常见问题，有助于读者掌握语言表达的内在规律，提高语言运用的艺术水平。

《文章修养》，是著名作家唐弢为青年人量身定制的一本课外读物，内容不限于指导写作，还补充了许多“普通青年应当注意的语文方面的知识”。本书上半部以史立论，下半部细谈写作，文中征引了丰富的例证，练习写作的同时也可提高读者的文学修养。

这十本名著因了文字的深入浅出、内容的“对症下药”，当年均是甫一出版即引起青年们的阅读风潮，随着时间的推移被一代又一代学人所钦敬，也滋养着一代又一代人的知识和智慧，而成为经典。

时移世易，“开明文库·语文大师教你能读会写”系列对于今天的语文学习和读写创作依然有着不可替代的参考意义。书中的真知灼见和谆谆教诲，也折射出大师们的哲思领悟，不仅是立言之本，更是立人之本，会在岁月长河中历久弥新。

开明出版社编辑部

2021年1月

序一

对于语文，我是一个门外汉。但因为当过中学国文教员，平日又弄弄文艺，书店就把写这本书的约定，推到我的头上来，我当时随口答应，一写，这才知道并不是一件轻易的工作。要弄得好，参考探求，非有充分的时间不可。在这激荡的时代里，我又苦于未能闭门潜修，虽承书店一再把限期放宽，但粗率和浅陋的地方，是难免的，也许我自己倒先得被送进文章病院去。

然而我想，虽然出诸病人之口，这所谈的，总还不失为健康之道吧。

在这一部小书里，上编六章，偏于叙述，下编八章，专谈作法。我的企图，是要使读者对文章先有一点认识，然后再从这一点认识出发，来研究写作的方法，这样，不但易于入手，而且也可以把握住问题的中心，不至于说来说去，还是摸不着头脑了。

我知道有些教师在讲书的时候，目不离书本，口不脱道义，是十分严肃的，有些著作家在执笔的时候，出入扬马，吐纳庄骚，也是十分严肃的；我虽然站过讲台，弄过笔头，却自知和他们的距离之远。无论教书写稿，在我都十分随便，只要听者或是读者有兴趣，我总希望因此也可以使他们得到一点益处，开门见山，如此而已。

唐弢

1939 年 4 月

序二

这是我二十七岁时写的一本小册子。

1939年，散文家陆蠡（圣泉）为巴金、吴朗西办的文化生活出版社主编一套丛书，作为青年们的课外读物。陆蠡身材矮小，一目失明，说话口讷，可以说其貌不扬，但他的灵魂是美丽的，他写过许多诗一样漂亮的散文，如《海星》《竹刀》《囚绿记》等，我非常爱读；他为人鲠直，做事认真，沉默寡言，言无不信，这一点尤其使我倾倒。我们因文字之交而开始来往，谈得十分投合。陆蠡约我为丛书写本小册子，不限于文学创作，而要多讲一些普通青年应当注意的语文方面的知识。我不假思索，一口答应了下来。

那时因为生活关系，我在三个学校里讲课，学生要求多讲一些课本以外的材料，手头没有藏书，我天天跑图书馆，在不大有人过问的冷库里找线装书，一点一滴地摘录。偏偏家里又有病人需要照料，提笔时不免分心，因此进度很慢。其时代表陆蠡常来我家的，是翻译家雨田（许粤华），一来慰问病人，二来联系稿子。她是个热情而又能干的人，记得鲁迅先生生前夸奖过她。雨田并不催促我，劝我慢慢写，她告诉我：丛书第一集十二本，每本三四万字，已经约定的有杨刚的《公孙鞅》、朱洗的《一块蛋糕的故事》、汤心豫的《房屋与路》，文学作品有王统照的《游痕》、芦焚的《无名氏》、李健吾的《希伯先生》、巴金的《旅途通讯》等。我的《文章修养》字数多，打算分成两册。这样，我将漫谈文字知识和演变经过的前六章，编成上册，于9月间出版；下册八章，专谈作法和修辞，直到11月才问世，恰值家庭遭到变故，陆蠡写信给我，我心里只有漠然。

《文章修养》于1941年1月印成合订本，接着，太平洋战争爆发，日本宪兵东闯西撞，横行一时，文化生活出版社的存书全部都被抄没，陆蠡也遭扣留。一去之后，杳无消息。我曾到处打听，还是没有下落。世界看起来依然是那样平静，安详，苍苍者天，茫茫者地，却从此不见了我们的诗人的踪迹。

一转眼四十年过去了。建国以后，多次有人劝我将《文章修养》改订重印，为了纪念陆蠡，确实有印它一印的必要；但我深恐旧作草率，不合于今天青年的需要。1976 年，一位在福州的作家对我说，他是读了《文章修养》以后，这才走上创作的道路的，前年，又有一位鲁迅研究者告诉我，他读我的第一本书便是《文章修养》；还有一位新闻记者，从旧书摊里买到《文章修养》的上册，附了一封热情洋溢的信送给我。这些都使我十分感动。但最有意义的是：虽然这些朋友的成功主要出于他们自己的努力，但也从而得到证明，我的这本小书，看来还没有贻误青年。因此，当朋友们提议把它重印，作为辅导读物的时候，我又像当年对待文化生活出版社一样，不假思索，一口答应了下来。

趁着最近因心脏病住院治疗的闲暇，我将原书重读一过，对有些词句做了修改，觉得许多问题，在书里不曾展开论述，缺点很多，好处是谈知识，谈技术，读起来没有流行的“八股气”，而且现在要我再写这样一部书，恐怕也不大可能了，因为我已经没有这许多参考书。“初生之犊不畏虎”，当年确实不大懂事，斗胆执笔，以文字论，也许自己倒先应当被送进文章病院去。就是修订本也难避免，我在这里向读者深致歉意，并且想重复原书序文里的一句话：“虽然出诸病人之口，这所谈的，总还不失为健康之道吧。”

古人说：“一生一死，乃见交情。”这话我担当不起。值兹

《文章修养》修订重印，能与今天的青年见面之际，写这几句，以为故友陆蠡的纪念，我想，或者不是没有意义的吧。

1980年4月25日于北京阜外医院

目录

一　开头语

从前，在给孩子们读的所谓训蒙书中，有一部《神童诗》，顾名思义，当然是一些天才儿童或者是关于天才儿童的作品了，那开卷第一首道：

天子重英豪，
文章教尔曹。
万般皆下品，
唯有读书高。

“皇恩浩荡”，这算是替读书人捧场的作品，自然，它是具备着麻醉的作用的。自从学制改革以后，学校里不再读《神童诗》

了，但年轻的朋友们一看见文学家之流，总还是伸长头颈，歆羡不已，仿佛他们真是在“万般”之上的“英豪”一样，因此对于文学家们卖弄才情时的出品——文章，也总是另眼看待，好像“高”过于农夫的粮谷，工人的器具似的。

我想，这大概就是“右文”的结果了。

但读书人的对于文章的见解，却是并不一样的。譬如曹操的儿子曹丕吧，他在《典论·论文》里，说是“文章经国之大业，不朽之盛事，年寿有时而尽，荣乐止乎其身，二者必至之常期，未若文章之无穷，……”好像比他的皇位和性命还可贵，然而他的弟弟曹植却又反一调，他很看不起文章，在给杨德祖的信里，就这样说：“辞赋小道，固未足以揄扬大义，彰示来世也。昔扬子云先朝执戟之臣，犹称壮夫不为也；吾虽德薄，位为藩侯，犹庶几戮力上国，流惠下民，建永世之业，留金石之功，岂徒以翰墨为勋绩，辞赋为君子哉！”这几乎是对文章咬牙切齿，可以和吴稚晖的“放屁放屁，真正岂有此理！”的文学论相媲美。但有人说，子建实在是违心之论，因为他的文章做得好，在政治上不得志，所以就发起牢骚来了。

这意见是对的。但文章的不被重视，却也并非全由于牢骚。秦汉的经学家招收门徒的时候，“文章之士，不得行束修之礼”；颜之推在《家训》里，还罗列了许多文人的缺点，以为“文章之体，标举兴会，发引性灵，使人矜伐，故忽于持操，果于进取”，要子弟“深宜防虑”。刘挚在训儿孙的时候，也以“士当以器识为先，一号文人，无足观矣”相戒，可见在这一个派系下，是都看不起以词藻见称的文章的。

至于站在曹丕一面，替文章讲好话的例子，却更多。宋朝的黄鲁直说：“数十年来，先生君子，但用文章提奖后生，故华而不实。”自然，这是反对派的意见，但也可见那时候的风气的所在了。

崇尚文章的风气，并非到了宋朝，这才盛行的，其实是古已有之的事情。统治阶级常常把文章当作变戏法时的巾帕：掩盖缺点，粉饰太平。所以在所谓圣明之世，皇帝要录用一班词臣，叫他们逢时逢节，专来做一些歌颂的文章。至于那些词臣呢，恩宠所在，乐于就范；饮水思源，当然把文章的地位越捧越高，载道言志，沽名赢利，终于变成无往而不利的东西了。

然而“年寿有时而尽，荣乐止乎其身”，曹丕派的主张也仍旧很流行。所以魏晋六朝的文人，写好了一部著作，轻易不肯示人，他们背着锸锄，把自己的著作当作宝贝一样，去埋在深山的石窟里，说是要“藏之名山，传诸其人”，留给千百年后的知己。他们大概是相信不朽说的。

不过无论是毁是誉，通过文人的笔头，文章却还是不断地产生出来，充满了所有的典籍。

为什么大家在应用之外，又都爱写起文章来呢？除了名利的观念外，还有一个最基本的原因，这就是：表现的欲望。

人类大抵都有着表现的欲望，用文字的技巧来实践这种表现的，这就是文章了。因此文章多半是时代的产物，是现实生活里最动人最显明的片段，含有社会的教训的意义。它不仅表现生活，而且还促进生活。人们从现实生活里汲取材料，经过主观的洗炼，这才反映到纸上来，所以，文章的好坏，往往决定于作者的意识和态度。空想固然成不了大事，仅仅把材料堆积起来，也同样算不得文章的。

然而，什么才是锻炼作者的意识和态度的熔炉呢？我将毫不迟疑地回答：生活。

明白了文章和生活的关系，这才不至于把它捧上天空里去招摇，或者放到脚底下来践踏了。正如文学家也是人一样，文章也是人世的产物，我们应该把握的是它的对社会的意义，什么留传一己的声名，败坏个人的德性之类，都是些牛角尖里的高论，仔细想来，是不值一笑的。

但文章也自有它的力量，高尔基曾经说过这样的话：

一本书——一件这样简单而又亲密的东西——本质底

地，是宇宙间伟大而又神秘的奇事之一。有些我们不相识的人，时或讲着一种难懂的语言，于几百里外，在纸上描画了一种点划或是类此的符号的多样的组合，我们把它叫作文字，当我们看着它的时候，我们这些和原书著者本是疏远的陌生人，神秘地了解了一切语言、见解、感觉、想象的意义；我们惊奇于自然风景的描写，欣喜于词句的美丽的节奏，语言的音乐性。激动至于流泪、愤怒、梦想，有时候甚而对着这混杂地印刷着的纸张失声而笑，我们理解了和我们同族的或是异国的精神的生活。在人们向着未来的愉快和权力走去的途中所创造的一切奇迹里，书籍恐怕要算是最为错综而又有力的一种了吧。

这虽然说的是书本，但也可以移给文章的。

因为文章具有着这样的力量，所以人们不但写文章，而且也开始研究起文章的写法来。古之《文心雕龙》《读书作文谱》，现在的修辞、作法之类，就都是适应这一种需要的。不过现有的书籍，大抵都偏于技巧方面的讨论；我以为要研究一样东西，必须对这东西的本身和纵横各面，先有比较深切的了解，所以在这一部小书里，我就首先腾出一点地位来，对文章的各方面作一番叙述，然后再来讨论作法。我想，这或者不至于徒劳的吧。

听说魏晋之间有一种规矩，一个人如果去拜访名流，见面的时候，先要发一番宏论。说得中听，主人就会延至上座，待作贵客，如果说得不对，那就要遭遇倨傲的待遇，被摈到屋外去。我的这几句开头语，就算作见面礼，但这自然不是“宏论”，诸君如果以为说得不对，那么，我就先坐到屋外去吧。

倘以为还可以听听，则请花费一点辰光。我将像古代希腊的阿德（Aëde）一样，弹起破碎的竖琴，先来为诸君讲一点古老的故事了。

二　从文字到文章

当人类没有文字的时候，因为要表达情意，曾经想过种种方法，起先是用一些足以代表其他意义的实物，譬如送一支箭给人家，那就是表示要和他打仗；如果是讲和呢，就送过一根烟筒去，因为烟筒是代表和好，而箭却是象征着战争的。后来的绑匪们在恐吓信里缄子弹，朋友们在见面时递纸烟，也正是这意思。不过单是箭、烟筒等等轻便的东西，自然还可以，倘使有一种事情，非用大石柜或是大铁鼎来代表不可，这就无法照办了，请七八个人抬着，送到几十里或是几百里外去么？我想，即使是古人，也还不至于这样愚昧的。而且事实上，复杂的情意，也绝不能用简单的实物来表现，直到以后，终于无法应付，渐渐地有碰壁之势了。

一碰壁，于是就另想别法，结果是采用了结绳。《易经》里说，“上古结绳而治”，就正是这时期。但怎样结法呢？有一件事情，就打一个结，做完了，就解开么？但这不但不能表达情意，就是要备忘，也是很成问题的。打的时候虽容易，但历时既久，结一多，记起来可就困难了。这方法可不行。《九家易》里说，“古者无文字，其有约誓之事，事大，大其绳，事小，小其绳，结之多少，随物众寡，各执以相考，亦足以相治也。”照这说法，结绳只是一种契约，我看也未必尽然的。那么究竟是怎样结法的呢？现在秘鲁的乡间，还存在着一种结绳文字，那方法是用一条极粗的横绳，上面挂满着长短不齐，颜色不同的细绳子，结网似的打起来，每一种打法，就代表一种固定的东西，这作用，就和文字相仿佛。我们古代的结绳，推想起来，恐怕也是和这差不多的吧。

但结绳的时期，究竟延长了多久呢？这很难说。《易经》是一部很早的书，它也只告诉我们：“上古结绳而治，后世圣人易之以书契，百官以治，万民以察，盖取诸夬。”大家根据这段话，以为代替了结绳的，就是书契——文字，但也有人不同意，说是书契并不是文字，仍旧不过是一种契约之类的东西，和文字毫无关系。但我想，无论如何，结绳和“图画文字”，在时间上，绝不会距离得很久的。

到这里，我们还是来推测一下文字的起源吧。

每一种对人类文化较有影响的工具，人们对于它的产生，总不免有些近于神话的传说，文字自然也不能例外。《河图玉版》里说：“仓颉为帝，南巡狩，登阳虚之山，临于元扈洛汭之水，灵龟负书，丹甲青文以授。”这是说，文字原是一种天赐的东西。类似的记载还很多，见于《水饰》里的，如：“神龟负八卦出河，授伏牺。”“玄龟衔符出洛水。”“黄龙负图出河。”“尧与舜坐舟于河，凤凰负图，赤龙载图，出河，并授尧。”“龙马衔甲文出河，授舜。”“鲈鱼衔箓图，出翠妫之水，并授黄帝。”“白面长人而鱼身，捧河图授禹，舞而入河。”等等，都是关于文字产生的传说。自然，神话是总不免于稀奇古怪的，但也并非全无原因，《路史》里说：“仓帝俯察龟文鸟羽，始创文字。”许慎的《说文解字》自序里也说：“黄帝之史仓颉，见鸟兽蹄迒之迹，知分理之可相别异也，初造书契。”可见其实是古人看了龟背的条纹，鱼的形状，蛇游的痕迹，这才有所领悟，因而造出“图画文字”来。所以在字体上，相传就有龙书、穗书、云书、虫篆、鸟迹篆、鸾凤书、麒麟书、蝌蚪文、仙人书、龟书、蛇书、钟鼎篆、倒薤篆、偃波书、蚊脚书等等的分别，几经传说，复加附会，于是就错成“灵龟负书”“黄龙负图”“鲈鱼衔箓”之类的神话了。但另一方面，恐怕也是因为文字的功效博大，变化繁多，在神权社会里，人们就不敢相信它是出于人力的缘故。

中国的历史是开始于神话的，古有所谓三皇五帝，《纬书》里说：“三皇无文。”所以有人以为文字是在五帝的时候才有的，但怎样产生的呢？古代的许多学者，大抵相信为仓颉所创造，《荀子》《韩非子》《吕氏春秋》《鹖冠子》《淮南子》里就都这么说。又因为文字始于五帝，而五帝的第一个是黄帝，所以东汉的学者如宋衷、许慎之流，就断定仓颉是黄帝的史官，这是“仓颉为帝”之外的另一种说法，而为后人所无法确定的。

但也有人推开了“三皇无文”的《纬书》，以为造书契的是伏牺，孔安国的《古文尚书》序里说：“古者伏牺氏之王天下也，始画八卦，造书契，以代结绳之政，由是文籍生焉。”《史记》的三皇本纪里也说：“庖牺氏造书契以代结绳之政。”但这一派的意见却压不倒仓颉造字说，只有在唐朝，曾经定为功令，叫应考的读书人都跟着这么讲，但这光荣终于和唐的社稷一齐倒掉，唐以后，大家又把造字的功劳，归到仓颉的身上了。

然而无论其为伏牺或是仓颉，实在说来，是都靠不大住的。

日本人根据燧人氏钻木取火、有巢氏缉藿而庐的例子，认为“仓颉”二字，其实是“创契”的讹音，意思是造字的人。这样，火是造火的人发明的，房屋是造房屋的人发明的，文字也是造文字的人发明的，实际上却并没有这个人。许慎因为汉族没有“苍”这个姓，就把苍颉写成仓颉。从这些苦心孤诣的做法看来，可见在汉朝，是否真有仓颉其人，也已经是一个问题了。

我以为文字的能够进于精密，必须经过较长的时间，较多的人手，而且一定要大家都能明白，这才可以应用，因应用而可以比较，扬弃，渐渐地达于妥善，绝不是一两个人的力量所能完成的。《春秋演孔图》和《春秋元命苞》里，叙帝王之相，说道：“仓颉四目，是谓并明。”但我想，事实终于还是事实，即使说他生着八只眼睛，十六个瞳孔，又何补于文字的创造呢？

不过，倘说当初你一个我一个造出来的散漫拙劣的文字，曾经由某些人加以集合、整理、改良，使其更适于应用，那倒是比较可信的。

文字的最早的基础，是象形。埃及金字塔的壁上，绘着许多神秘的图案，经过各国学者多年的研究，这才知道是古代埃及的“图画文字”。大约四千多年前，希克斯人统治了埃及，在埃及原有的“图画文字”里，挑选了二十一个字母，这便是后来欧洲各国字母的祖宗。但那时候却是象形的。A 是一只公牛头；B 是一所房屋的雏形；R 是一个人头。到了现在，谁还能够从 ABCD 里，找出它们原来所象的物形来呢？这是因为欧洲的文字，早已从象形进到拼音，大部分已经脱去了古老的外壳了。

但中国却至今还留存着这外壳。

许慎《说文解字》序里说："仓颉之初作书，盖依类象形，故谓之文，其后形声相益，即谓之字。文者，物象之本，字者，言孳乳而浸多也。"古代的人，要写鸟字，（那时候是叫作文的，两个文拼起来才叫字。）就画一只鸟；要写鱼字，就画一尾鱼；起先是各逞己意，随便画去，到后来，日子一久，就拣那大家认为最简便，最像样的一个，拿来应用，这才渐渐地归于统一。但统一了的象形字，仍旧不过简单地执行一点记忆和提醒的工作，因为在最初，既没有连缀的句子，也没有整篇的文章。譬如画了一条鱼，它所提醒的不过是对于鱼的关系，至于到底是买鱼，捉鱼，还是吃鱼呢？仍旧要靠看的人自己去追忆，去悬揣。等到人事一繁，追忆和悬揣也无能为力的时候，字的需要愈多，于是象形之外，又有了指事、会意、形声，以及转注、假借等等的方法。

象形，必须先有实物，画一个圆圈，放四道毫光，这是日字；尖嘴圆头，生一个翼子，拖两只脚爪，这是鸟字；当然很不错。然而怎样来分别上和下呢？古人倒并不像现在的老先生那样顽固，一味不化。他们一碰到象形走不通，就指事：画一根平线，点在上面的，是上字；点在下面的，是下字。这也走不通，就会意：太阳和月亮挂在一起，是明字；三个人聚成一堆，是众字。这又走不通，就形声：开始和“记音”接近，如鹅，从鸟，读如我；鸭，从鸟，读如甲。但一面因为已经造成的文字，还需要孳乳和淘汰，于是又想出了转注和假借。章太炎说：“类谓声类，首谓语基。双声相转，叠韵相迆，则为更制一字，此所谓转注。孳乳既繁，即又为之节制，故有意相引申，音相切合者，义虽小变，则不为更制一字，此所谓假借。”说得简单一点，转注是同义而并有异字，假借是同字而具有异义，前者是孳乳，后者是节制，对于文字，同样是一种调整补充的工作。

但做这工作的到底是不是仓颉呢？可也不一定。

在原始社会里，专弄这些东西的，大概是巫史——一种身兼数职的人物，他降神，医病，又用文字作工具，来记载祭祀的礼节，狩猎的规则。他不断地应用这工具，也不断地加以改进，起先是只用文字的单位，后来就按照口语，稍加省略，慢慢地写成句子，凑成文章，弄出一种似话非话的东西来。自然，起承转合，抑扬顿挫，是没有的。主要的条件是明白，流利，后来又加上一条：漂亮。

但这真是后来的事情。最初把字的单位凑成句子，把句子组成文章的例子，现在是无法找到了。据我想来，那恐怕是一种简单到类似账单的东西，记载着祭祀和狩猎时候的情形。例如：酹几次酒，用的是三牲还是五牲，狩获几只獐鹿，利于东方还是西方；等等。这虽然是帝王的功绩簿，但简短，粗略，还比不上后世豪家小姐遣嫁时的妆奁单。一是由于生活的简朴，二是由于文字的不具备。在句法和文体上，偶尔有一点进步，都曾费了很大的力气。

然而自从殷墟发现以来，我们也约略可以找到一点较后的材料了，这些大抵是刻在甲骨上的卜辞，不过阙文既多，古字一时又难于尽识，我这里且检几条比较明白的在下面：

一、“我其祀宾则帝降若；我勿祀宾则帝降不若。”

二、“俘人十又六人。”

三、“其获其获。”

四、“允有来嬉。”

五、“王□次，命五族伐羌。”

六、“贞燎于土，三小牢，卯一牛。”

七、“甲午卜，今日王逐麟。”

八、“贞巻御牛三百。”

这些“流水账”和卜辞，有许多是协于古音的。现在所传的黄帝的《道言》，颛顼的《丹书》，帝喾的《政语》，论时期应该比殷墟里的甲骨还要早，但这都为后人所伪托。不过文章的协音偶词，倒确是那时候的一种风气。

偏于记事，虽然是初期的文章特色，但记和叙，常常是分不开的，叙又可以自叙，所以一面也就有了抒情的作品，有人以为这比记事还要早，是发端于劳动时候“杭唷！杭唷！”的声音，再由这转成诗。不错，较早的抒情作品大抵都是诗，譬如有名的《击壤歌》吧，是叙述初民的生活，兼写初民的心情的，那首诗短得很：

日出而作，

日入而息，

凿井而饮，

耕田而食；

帝力于我何有哉！

据说这也是假托的，以形式的简短，情调的真朴，恰合于那时的情景看来，可见这伪造者颇为能干，他也许曾经看见过一点古代的典籍。如果描写三角恋爱，草小说五百万言，说是四眼头陀仓颉的手笔，那就无论写得怎样高明，恐怕也没有人会相信的了。

但是，记事的是文，抒情的是诗，这样明白的界限，其实并没有，而且文章也大抵协于音韵。就现存的文献看来，殷周时候，还有一种介乎诗文之间，却又颇为流行的文体，如铭、戒等等，然而我想，这些文体的多见，也许是因为现在所发现的，都是些甲骨鼎彝之类的缘故吧。

伊耆是尧的姓，郑玄以为古时另有一个天子叫作伊耆氏，皇侃和熊安生却说是神农，这些且不去管他，横竖有人以为禹不过是一条虫，古人和我们相去竟有这样远。且说伊耆氏有一篇冬祭的祷辞，说道：

土反其宅，
水归其壑，
昆虫毋作，
草木归其泽。

此外还有尧的《戒言》，舜的《南风歌》和《卿云歌》，类难俱信。比较近于真的，是《尚书·皋陶谟》里的一篇歌词，说：

……夔曰："于！予击石拊石，百兽率舞，庶尹允谐。"帝庸作歌曰："敕天之命，惟时惟几。"乃歌曰："股肱喜哉，元首起哉！百工熙哉！"皋陶拜手稽首飏言曰："念哉！率作兴事，慎乃宪，钦哉！屡省乃成，钦哉！"乃赓载歌曰："元首明哉，股肱良哉，庶事康哉！"又歌曰："元首丛脞哉，股肱惰哉，万事堕哉！"帝曰："俞，往钦哉！"

周鼎向有遗传，自从殷墟发现以后，又有了许多殷的甲骨，这上面的文章，倘能一一加以辨识，那该是很好的吧。但世事是这样孔急，我们还不容钻进古董堆里去，为求便利起见，享享现成，我这里且举出一些殷周的铭来。首先是汤的盘铭：

苟日新，

日日新，

又日新。

这很简单，朴实。到了周朝，诗歌文章，渐有进步，下面是周朝的一些铭，相传是武王时代的作品：

杖　铭

恶乎危？于忿懥；

恶乎失道？于嗜欲；

恶乎相忘？于富贵。

鉴　铭

见尔前，

虑尔后。

砚　铭

石墨相著而黑；

邪心谗言，

无得汙白！

本来，文章这东西，在效用上，一开头就是为世的。到了周武王的时候，跟着生活的进展，不但内容渐趋于复杂，就是形式，也更臻于完美。无论是句子的缔造，文章的结构，愈到后来，也总愈见得精密。现在还有人主张学古文，抄滥调，舍精密而取粗疏，捧着古时的土话，作为口头的韵语，那真是糊涂透顶的家伙，永远不会懂得文章的好处的。

一提起土话，不错，较早的古书，常常引用土话。书经和诗经里，就有许多不可解的地方，正是古人的口头语，弄得许多注疏家手忙脚乱，一世摸不着头脑。有些甚而至于把男女调情的山歌，硬解作圣贤治世的经典，曲为注疏，自以为得其窍穴，却不料上了土话的大当，其实是很可笑的。

不过古人的在文章里夹用土话，原是发乎自然，并非真的要和这些注疏家为难；他恐怕根本就想不到自己的文章会需要注疏的。但是，由于土话的多见，这里又有了一个问题：古代的言文，是不是一致的呢？据许多学者的调查，是一致的；也有人提出反证，说是不一致。语言看来总早于文字，我想，最初象形字画成的时候，对于某一个象形字，一定是以称呼这形象的口头上的声音，来决定其字面上的声音的。因此造句的时候，也一定以语言为蓝本，这样说来，言文是应该一致的了，但因为象形字难写，字数不具备，就只好拼命地省略，仿佛吝悭人所打的电报一样。那结果，是弄出了一种接近口语，然而又并非口语，就如我上面所说的“似话非话”的东西来。

从巫史的手里转到特权阶级的手里，文字愈和大众隔离，言文也就愈不一致。洎乎后世，遂有所谓读书人和文学家的出现，文字从此落入了帮凶的地位，成为大众的死对头了。但这绝不是正当的发展，文字本身是没有功罪可言的。“五四”的白话运动，近年以来的大众语运动，以及拉丁化新文字运动，这些说明它重又在和大众接近。好好地使用它，发扬它，使它成为大众自己的东西，这是所有拿笔杆的人的责任，应该牢牢地刻在心上的。

三　古文·骈文·八股文

明清以来的文人，一向把中国的文章分作三大类，这三类文章，不但占据着所有的文籍，而且直接地决定了各个时代的文风，浸渍既久，溶渗弥深，便是到了文体业已改变的现在，也还遗留着零星的影响，不易摆脱。这三类是：古文，骈文，八股文。

首先得来个声明，这里的所谓古文，更正确地说起来，是应该称为散文的。其实古文这名词也很有问题，柳虬以为“时有今古，非文有今古”；姚姬传《古文辞类纂》序里也说：“夫文无所谓古今也，惟得其当而已。得其当，则六经之于今日，其为道也一。”他们都反对古文这名称。晋宋以后，文笔的分别很严，刘彦和《文心雕龙·总术》篇里说："今之常言，有文有笔，以为无韵者笔也，有韵者文也。"可见古文虽然和笔差不多，但又并不完全一样，因为唐宋人的所谓古文，是也包括有韵文的。不过因为这两个字已经喊得口顺，而且又容易别于骈文和八股文，所以我这里仍旧沿用它，让它来做散文的代表。

秦汉时候多用散文写的文章，但古文这名目，是没有的。魏晋六朝，崇尚绮靡，一到唐代，就起了反动，富嘉谟、吴少微、谷倚等北京三杰，已经致力于雄迈，到了元结和独孤及手里，就一反排偶秾丽的体制，力追远古；此后又出了韩愈和柳宗元，破整为散，直逼秦汉，而尤以韩愈为重要。他的门人李汉在《韩昌黎集》序里说："洞视万古，愍恻当世，遂大拯颓风，教人自为。……呜呼！先生于文，摧陷廓清之功，比于武事，可谓雄伟不常者矣。"苏东坡也说他"文起八代之衰"，可见他实在是非常卖力的。

韩愈的排斥异端，反对骈俪的方法，是提倡六经；他自己立意行文，竭力学习孟子，薄六朝而重秦汉，去雕琢而尚自然，暗暗地以道统自承。从这时候起，古文这招牌就堂皇地竖了起来，虽然有人说他"不丐于古"，但也有人说他"无一字无来处"，据我看来，这两种说法都不免于偏颇，不过古文家的贩卖古董，却是事实，韩愈不过是“起首老店”，“只此一家”，在宣传孔孟之道这点上，他终于跨过了较早的元结、独孤及，压倒了同时的柳宗元，而荣任了孔家店的掌柜先生了。

我们虽然不必是孔家店的买主，却不妨作为看客，且来研究一下掌柜先生口里所标榜的货色。

六经对于唐以后的古文的影响，是不容抹杀的。和韩愈同时的柳宗元说过，“本之《书》以求其质，本之《诗》以求其恒，本之《礼》以求其宜，本之《春秋》以求其断，本之《易》以求其动。”这可见六经和古文的关系。相传《易经》是作于忧患中的；《书》和《春秋》长于记事；《诗》富情致；《乐》讲声律；《仪礼》重在节文，和文章的关系较少。不错，著作也用于应世，但我们被婚丧人家请去做总管先生的机会，想起来，总该是较少的吧。

其实唐宋古文家所受到的直接的影响，倒并不是六经。譬如以韩愈为例，他的文章，语法气势，大都是出诸《孟子》的；《孟子》这一部书，大家已经很熟悉，不过对于作者，历来有两种说法：《史记》本传和赵岐《题辞》里都说是孟轲的著作，韩愈却以为是由孟轲的门弟子记录起来的，晁说之因为《孟子》里对诸侯都称谥，“夫死然后有谥；轲著书时所见诸侯不应皆前死。

且惠王元年，至平公之卒，凡七十七年，轲始见惠王，王目之曰叟，必已老矣，决不见平公之卒”，所以他竭力附和韩愈的意见。不过我们读起《孟子》来，觉得各章语气，完全一致，似乎是一人的手笔，绝不是缀辑而成的东西。阎若璩调和了两派的意见，说书是孟轲写的，死后由门人叙定，所以诸侯都给加上了谥。这比较近于情理。但我们也无须去考究这些，倒不如看看其中的文字，来说些它对于古文的影响吧。

《孟子》本来和《晏》《荀》并称，是诸子的一种。但因为它赞孔子，辟杨墨，论养气，辨性善，祖述圣教，继承道统，经唐宋的古文家一捧，就被列入了十三经，成为不易的名典了。但孟轲毕竟不脱纵横家的气概，所以《孟子》里的文章，反复开阖，明白晓畅，这正是后来的古文家的好榜样；韩文的曲折抑扬，可说是得力独多的。

除了《孟子》以外，诸子书的对于古文，都有显著的帮助。姚姬传《古文辞类纂》序里说：“退之著论，取于六经、孟子；子厚取于韩非、贾生；明允杂以苏、张之流；子瞻兼及于庄子。”这虽然说得笼统，但举一反三，也可以想见其大概了。

取于韩非、贾生的柳宗元，名声虽然不逮韩愈，倘论功力，是不遑多让的。韩愈在给韦珩信里，也曾极口推崇，不过他们的意见颇多不同的地方，行文也各有专长，柳的拿手是游记和寓言，这不但成了唐代文章的特色，而且也开拓了游记和寓言的境界。柳文谨严雄健，有时还带着一点感喟和苍凉，颇有六朝气概。但在形式上，他也是反对绮靡的，粉泽雕琢，悉加摒除。他在答吴武陵的信里说得好："夫为一书，务富文采。不顾事实，而益之以诬怪，张之以阔诞，以炳然诱后生，而终之以僻，是犹用文锦覆陷阱也，不明而出之，则颠者众矣。"从这一段话里，就可以看出他自己对文章的意见了。

此外，和韩柳同时而略有前后的如柳冕、李观、李翱、皇甫湜、孙樵等辈，也都有类似的意见。苏东坡说过："唐之古文，自韩愈始，其后学韩而不至者为皇甫湜，学皇甫湜而不至者为孙樵，自樵以降，无足观矣。"韩柳已经论列，其他诸人，在这里也只好从略了。

不过就古文的盛衰而言，唐朝还不过是发创，到了宋朝，这才是古文最昌盛的时期。宋朝的古文开始于柳开，这位柳老先生在年轻时，自己起了个名儿，叫作肩愈，字绍元，意思就是说要继承韩愈、柳宗元的事业，但后来不知怎的又变了主意，却改名为开，改字为仲涂了。范仲淹在《尹师鲁集》序言里说："五代文体薄弱，皇朝柳仲涂，起而麾之，洎杨大年，专事藻饰，谓古道不适于用，废而弗学。久之，师鲁与穆伯长力为古文，欧阳永叔从而振之，由是天下之文，一变而古。”这几句话，已经粗略地画出了宋初的古文的眉目。

柳开以后，努力于古文的，除了尹师鲁、穆伯长以外，还有苏舜元、舜卿兄弟，不过这几个人的文章，因为一意废除排偶，避免韵俪，往往把断散拙僻的字句，当作宝贝，就不免失之艰涩。等到欧阳修出来，这才继承了韩柳的一脉，复归于平易。欧阳的文章雍容闲易，条达疏畅，是古文中最饶于风神的一体。他早年长于词赋，后来从汉东大姓李氏家得到《昌黎文集》，持归细读，又和尹师鲁、苏子美辈往还，这才舍弃制科文字，改做起古文来。陈振孙说：“本朝初为古文者，柳开、穆修，其后有二尹、二苏兄弟。欧公本以词赋擅名场屋，既得韩文，刻意为之。虽皆在诸公后，而独出其上，遂为一代文宗。”更有人以为宋朝之有欧阳修，好比唐朝之有韩愈，足见他的造诣之深，影响之大了。

出于欧阳修门下，而文章又极相似的，是曾巩。曾为文质实厚重，长于议论，自比于汉朝的刘向。和曾同被欧阳修所赏识的，还有苏氏父子。老泉以奇劲见称。东坡才思横溢，文气跌宕，在三苏中最负时望，连那时候的深闺淑女、北里婊子，也都为他的文名所倾倒。他自说早年文章绚烂，到晚年才归于平淡，但我想，有一点是始终不变的，就是他的作文的态度比较真率，颇合于明末的“信手信口，皆成律度”的尺寸。所以公安派虽然看不起唐宋古文家，对他却捧得特别厉害；连“白话圣人”胡适之也连连点头，可见绝不是偶然的了。苏轼曾经评论他的弟弟道：“子由之文，汪洋淡泊，有一唱三叹之声，而其秀杰之气，终不可没。”这是对子由的最确切的批评，引在这里，可以使我省却许多笔墨了。

明朝朱伯贤选了一部《八先生集》，王遵岩又辑为《唐宋八大家》，由茅鹿门评点行世。这所谓八大家，除了上面讲过的韩愈、柳宗元、欧阳修、曾巩、苏洵、苏轼、苏辙外，还有一个是王安石。不错，王安石的古文，在诸家中最为精湛。他是一个大政治家，所以立论谨严切实，和许多只会得弄弄笔头的人物不同。除此以外，宋朝的古文家里，清健如范仲淹，醇正如司马光，古雅如刘原父、贡父兄弟，下而至于晁补之、陈师道、张文潜、王深父等人，也都能各执一体，号召当世，八家的限制，细想起来，是未免过于狭窄的。

古文一到了元明，就逐渐衰落了，尤其是元朝，那时候盛行的是曲，有人硬拉李孝先和倪瓒来做代表，但也举不出什么货色来。例如倪瓒，他就并不是一个古文家，他所长的是画画，叫他画几幅侧笔山水，冲淡穆远，那倒是十分出色的，但古文却不行。明朝的开初几年，还有宋濂、王袆、方孝孺们来撑场面，然而他们的文体重在因袭，缺少创造，并没有特别可以称道的地方。由三杨（杨士奇、杨荣、杨溥）而衍成的所谓“台阁体”，也不过以雍容演迤，平正迂徐，适投仁宗皇帝的所好而已。到后来，这种文体慢慢地流于冗弱，于是乎又有了前后七子的复古运动。

前七子是李梦阳、何景明、徐祯卿、边贡、康海、王九思、王廷相；后七子是李攀龙、王世贞、谢榛、宗臣、梁有誉、徐中行、吴国伦。他们虽然相隔了几十年，然而主张却颇相仿佛，前者的口号是“文自西京，诗自中唐以下，俱无足观”；后者的口号是“文主秦汉，诗规盛唐”。几乎是一个印版里的产物，因此所得到的结果也一样：生涩聱牙，剽袭堆砌，除了王世贞等一两个人以外，这可说是前后七子的通病。

但明朝也有几位能够跳出这种通病的作家。王守仁于研究经学之余，间作古文，虽然也曾与李何诸人相倡和，却断然摆脱了他们的影响，使自己的文章趋于明澈；杨升庵也能尽朴茂之致。这以后，唐顺之竭力提倡本色，以为“汉以前之文，未尝无法而未尝有法；法寓于无法之中，故其为法也，密而不可窥”，所以他自己的文章，简雅博达，独与王世贞相抗衡。归有光后起，追踪欧曾，以疏淡的风神，琐细的描写，灌注笔端；不事修饰，而文情并茂。他和王世贞驳难，至于竭口痛诋，世贞虽然生气，但也不能不佩服他，最后还在他的遗集里题了这样的赞词：“风行水上，涣为文章。风定波息，如水相忘。千载有公，继韩欧阳。”

对王李的复古运动，彻底地提出反对的主张的，是公安派和竟陵派，竟陵派的主要人物是锺惺和谭元春，他们虽然反对复古，然而自己的文章却幽僻生冷，很难看得懂，所以影响远不及公安之大。公安的主要人物是袁宗道、宏道、中道三兄弟，他们主张“独抒心灵，不拘格套”，文章很清丽。近年以来，周作人竭力替他们捧场，至于把他们认为新文学运动的祖宗，可见在古文里，这一派实在已经是变体了。

不过他们的主张却确有可取的地方，清朝的张宗子、金圣叹、李笠翁、郑板桥、袁子才等，都还多多少少地受着公安的影响，以清新见称于当世。但古文一脉，仍旧绵延不绝，作者也较多于前朝，而能风靡于一时的，首先得推桐城派，曾国藩在《欧阳生文集》序里说：“乾隆之末，桐城姚姬传先生鼐，善为古文辞，慕效其乡先辈方望溪侍郎之所为，而受法于刘君大櫆及其世父编修君范。三子既通儒硕望，而姚先生治其术益精。历城周永年书昌为之语曰，‘天下之文章，其在桐城乎？’由是学者多归向桐城，号桐城派。”桐城派自己夸下海口，说是要集义理、考据、词章的大成，“学行继程朱之后，文章在韩欧之间”，把理学和文学合并起来，以证明“文即是道”的主张。他们的文章虽然清淡简朴，然而对于考据——汉学的根底却很浅，所以到了后来，仍旧跳不出欧阳、曾、归的窠臼，只剩下一个空洞的所谓桐城义法了。

继桐城而起的还有阳湖派，阳湖派的主要人物是恽敬、张惠言，他们本来是弄考据和骈文的，后来改做古文，以汉魏六朝人的文章做榜样，这是他们和桐城派不同的地方。

姚鼐以后，桐城的传人是梅曾亮。曾国藩在北京的时候，就和梅曾亮齐名，曾国藩于义理、考据、词章之外，又加上一项经济，把范围放得更大。所以有人替曾氏另立了一个派别。李详在论桐城派里说：“文正之文虽由姬传入手，后益推源扬、马，专宗退之。奇偶错综，而偶多于奇；复字单谊，杂厕相间，厚集其气，使声采炳焕，而戛焉有声。此又文正自为一派，可名为湘乡派。”但在大体上，湘乡还是宗法桐城的，曾氏门下张裕钊、黎庶昌、薛福成、吴汝纶，大抵都还谨守着桐城的义法。

吴汝纶的门人严复、林纾，开始翻译西洋的学术和小说，古文到此又起了一点变动，但这变动也并不大。严复的《天演论》译本大受吴汝纶的赞赏，为的是他的译文能用周秦笔法；林纾的译司各脱、狄更斯的小说，也是因为在这两位英国作家的小说里，给他发现了太史公的笔法的缘故。我觉得前者很可喜：原来我们在周秦之世已经有了赫胥黎，后者却有点可怕，因为红毛国里也有了太史公，这将使我们的桐城派古文家置身于何地呢？

然而桐城义法固然不能横行天下，欧美文化倒的确影响了古文，吴汝纶以至严、林辈的怪论，都不过是“古文家”这头衔在作祟。他们自以为能得桐城心传，但这于我们毫无益处。和严、林同时的另一个国学家章太炎，已经瞧不起他们了。但章太炎是另具一副眼光的，他不但瞧不起严、林，说他们既不能雅，又不能俗，连唐宋以来的古文家，也一并被他唾弃，他说韩柳欧苏之流，“志不师古，乃自以当时决科献书之文为体”，统统不是好货。他主张学习魏晋文。他的弟子刘师培论文，也以有韵偶的文章为主，大概是很受了他的影响的缘故吧。

到这里，我也要掉转笔头，来谈一谈骈文了。

刘彦和《文心雕龙·丽辞》篇里说：“造化赋形，支体必双；神理为用，事不孤立。夫心生文辞，运裁百虑，高下相须，自然成对。”他还举出《皋陶赞》里的偶句，来证明唐虞之世，已经有了骈俪。不错，前面已经说过，最初的文章大都是协音的，这固然是因为便于口诵，但一方面也可以使读起来好听。所以古人作文，一到两句话需要对称，两件事需要并列的时候，就常常修饰文句，使其整齐，后来于好听之外，还要好看，于是又做起对句来，这就是文章里的所谓排偶了。

但那时候虽有排偶，却不过是夹在散文中间，并无骈俪到底的文体。在一篇文章里，对称的时候就排偶，独举的时候就断散，既无好尚，因此也可以说是骈散不分的，等到屈原作了《离骚》，汉赋继起，有韵文的疆域就一天一天地扩大，终于和散文分了家，自己另立起门户来。

这首先是辞赋。

赋是汉朝新兴的文体，受了屈原、宋玉的影响，贾谊就做了《吊屈原》《惜誓》《鹏鸟》《旱云》《簴赋》等各篇，替汉赋打开了一条出路。这以后，枚乘的《七发》，司马相如的《子虚》《上林》，扬雄的《甘泉》《羽猎》《长杨》《逐贫》，各展巧思，奠定了汉赋的基础，沈约说道：“屈平、宋玉导清源于前，贾谊、相如振芳尘于后。”从这两句话里，也可以看出《楚辞》对于汉赋的影响了。

到了东汉，班彪作了一篇《北征赋》，他的儿子班固又作了《两都赋》，张衡、蔡邕继起，但他们的风格章法，大都因袭《楚辞》，步武西汉，并没有多大的创见。普通是前面一章开头，中间分段铺叙，后面一章结尾，几乎成了一定的格式。不但格式如此，而且用词也多堆砌；譬如司马相如的《上林赋》吧，这要算是很有名的了，但他一讲到水里的东西，就是“蛟龙赤螭，䱭䲛渐离，鰅鳙鰬魠，禺禺魼鳎”，一讲到宫中的花木，就是“卢橘夏熟，黄甘橙楱，枇杷橪柿，亭奈厚朴，梬枣杨梅，樱桃蒲陶”，前者都是鱼名，后者都是果类，骤然一看，我倒以为司马相如是在开咸鱼行或者水果店了，但他其实是没有货色的。此外如以“灏溔潢漾”形容水，“嵯峨嶕嶭”形容山，也都不过堆砌罗列，把生僻的字儿放在一起，大家来斗艳竞妍，说不出真正的意义的所在。

稍后一点，曹氏父子都很能做文章，曹操的文章沉挚通脱，曹丕和曹植却都主张婉约美丽。尤其是曹植，他因为在政治上不很得志，所以做出来的文章也婉转激昂，发其忧思。建安七子里的陈琳，是一个草檄的能手。檄，就是民国以来的所谓通电，这种文章是自古就用偶文的，但陈琳的檄文却做得非常好，据说曹操向来有头痛的毛病，可是一读到陈琳的檄文，出了一身冷汗，头痛就立刻痊愈了，可见他的文章的魔力，是极大的。还有王粲和徐幹，也都长于辞赋，王粲的《登楼》《初征》《槐》《征思》诸赋，徐幹的《玄猿》《漏卮》《橘》《圆扇》诸赋，大受曹丕的赞赏，说是“虽张蔡不过”。可惜大半已经失传，就现存的如《登楼赋》之类看来，则建安已经避去了幽奥冗长的弊病，渐趋于清丽；排偶既整，对仗愈工，六朝的骈文，其实是在这时候，就已经撒下种子的。

班固以为“赋者古诗之流”，这大概很不错。但赋虽出于《楚辞》，赋和辞毕竟有点不同，辞专以抒情叙事，赋却还可以写物，而且音律也比较讲究。一到了六朝的所谓骈文，虽然大体上仍以辞赋为主，严格地说来，却也还有分别的：赋不过是文章的一体，但六朝却是文无不骈，句无不俪，正如曾国藩的所谓“即议大政，考大礼，亦每缀以排比之句，间以婀娜之声”，这就是所谓哀感顽艳，而终不脱于浮靡的一点。

但骈文的所以趋于纤弱淫靡，一半也因为那时候的政治不安定，佛学风行，文人都抱着厌世的念头，思想既已脆弱，形式自然也不会剑拔弩张了。“正始文学”已经可算是这种风气的代表。到了晋朝太康以后，作者愈多，文章也愈繁丽，当时如张载、张协、张华、陆机、陆云、潘尼、潘岳，都可说是一时之选，而尤以陆机和潘岳为特出，孙兴公分别他们两人的文章道：“潘文浅而净，陆文深而芜。”这确是很中肯的批评。

这时还有一个重要的作家，就是左思。左思很反对汉赋里罗列堆砌的风气，主张去除浮华，求其切实。这主张很不错。可惜他眼高手低，作出来的文章，仍不免于雕琢和刻画的弊病。

到了宋室元嘉，谢灵运和颜延年齐名，鲍明远又以《芜城》《游思》两赋，和颜谢相抗衡。南齐的健者是王融和谢朓，他们都是精于音韵的。六朝的骈文到了梁武帝的时候，已经登峰造极，一则因为梁武父子，都会做文章，所以上行下效，笺铭小品，清丽绝伦；二则因为沈约做了一部《四声谱》，有平头、上尾、蜂腰、鹤膝的分别，作文造句，统统协于宫商，于是音韵学就大大地发达起来，直接影响到骈文。当时文人如江淹、任昉、徐陵、庾信，都是骈文里的第一等好手；徐、庾两人，多别出心裁，改变旧法，有人以为他们是集骈文之大成的，平心而论，也还算不得过誉。只是声哀而靡，等到陈后主的《玉树后庭花》一出，终于被目为亡国之音，仿佛一篇骈词，真的断送了南朝的天下了。

唐初四杰——王勃、杨炯、卢照邻、骆宾王，稍稍改变了徐、庾哀艳轻浮的风气，而成为堂皇雅正了。王勃是四杰的领袖，他的《滕王阁序》，大家该是很熟悉的吧，“落霞与孤鹜齐飞，秋水共长天一色”，到现在还被认为名句，但这其实不过贴切生动而已。我以为骆宾王的《讨武曌檄》，凛厉削拔，倒确是替骈文另开了一条大路的。

这一类文章，因为要别于六朝，那时候就叫作今体骈文。

但六朝的余风仍旧很流行，所谓燕许大手笔张说、苏颋，也都以骈文见称。苏东坡的所谓“历唐贞观开元之盛，辅以房杜姚宋而不能救”，确是实情。因为姚崇、宋璟的表章里，很多偶句，其实岂但姚崇、宋璟而已，即就老牌古文家韩愈、柳宗元而论，在开头的时候，也都弄过骈俪排偶，不过他们只赞成秦汉的辞赋，却不大喜欢六朝的骈文而已。

燕许以后，唐代骈文的名家，当然得推温飞卿和李义山了。相传温飞卿是最喜欢做小赋的，而且做得很快，八叉即成，当时大家就叫他温八叉；义山著有《玉溪生赋》一卷，《樊南四六甲乙集》各二十卷，四六的名目，就是从这里开始的。但自从古文兴起以来，骈散的用度，也慢慢地分了开来，比温李较早的陆贽，已经用骈文专写奏议疏状了，到了宋朝，这风气就成了定规，苏东坡和曾子固，该可算是古文家了吧，然而前者的《乞常州居住表》，后者的《贺明堂礼成肆赦表》，就都是四六正宗。司马温公坚辞翰林学士，也是因为他自知不能做四六文的缘故。可见那时候的公文官书，是必须骈四俪六的。

但一面也仍有以骈文出名的人物，徐鼎臣本来是南唐词臣，入宋以后，依旧在朝做官，诏令文书，多出其手。宋朝的四六和前代也有不同的地方，就是爱作长句，例如隔句对之类。谢伋《四六谈麈》里说："四六施于制诰、表奏、文檄，本以便宣读，多以四字六字为句。宣和多用全文长句为对，前无此格。"所以这也可以说是宋朝骈文的特点。其后杨大年、刘子仪，都精于骈文，他们的骈文是专学唐朝的李义山的，后进仿效，一时成了风气，但有很多人生吞活剥，剽窃义山的句子，这现象，终于连唱戏的优伶也看得不大入眼了。有一次，皇帝在宫内请客，杨大年等都在座，一个优伶扮着李义山，故意穿了破碎的衣服，跑出台来，人家问他缘故，他答道：我是被诸位官员剽夺挦扯，这才弄得这样狼狈的。

这是讽刺，但我们在这讽刺里，却看到了当时的风气。

其后还有一些作者，如郑戬、卢肇、洪适等人，都很有名。骈文经元朝而至明清，其中的过渡人物是柳贯。明朝也没有特出的作者，只不过是李梦阳、何景明等偶尔带做几篇，因为那时候的读书人，都忙着去做八股文了。到了清朝，毛奇龄、陈维崧、胡天游等在前倡导，其后袁子才、吴毅人、孔广森、孙星衍、洪亮吉等继起写作，所谓黼黻琳琅，比于六朝。但就大体而论，因袭多于创造，也并没有什么了不起的人物，倒是有些意见，却助长了骈文的风气。李兆洛以为唐宋古文，其实都是从六朝骈文里蜕化出来的，所以他和汪中都主张骈散不分。仪征阮元更以为应该把骈体文当作正统，将这意见做了一篇《文言说》；他的儿子又做了《文笔对》，主张严明文笔的界限。但这些论调颇为后起的湘乡派所唾弃，一出争正统的把戏，终于只好就此结束。

前面已经说过，骈散两体，在最初是不分的，洎乎秦汉，辞赋兴起，骈文已经怀了胎，魏、晋、六朝，是骈文极盛的时代，唐末至宋，骈文衍为四六，及元明而大衰，清朝骈散并行，骈文虽曾一度兴起，但也不过滥调而已。因为明清文人的心力，早已从骈文转移到八股文，放下传名符，抱住敲门砖，要一过其现世的官瘾了。

开科取士，在唐朝就有了这制度，不过那时候所考的是诗赋，经书只用纸条试帖，等于现在学校里的默书。至于正式以经书命题，却是开始于宋朝的，当时王安石以为要复古，非使学者专心于经术不可，所以就改变唐朝取士的方法，从经书里摘出文句来，作为考试的题目。每次考试一共是四场，先考《易》《书》《诗》《周礼》《礼记》，次考《论语》《孟子》，南渡以后，又加上

《大学》和《中庸》。大家叫这种文章为时文，也称制艺。等到明朝成化以后，时文的限制愈严，八股的名称也就开始成立了。

八股文也叫四书文，形式是有一定的：文章的开头是破题，其次是承题，再后便是起讲，全题共分两段，每段四股，所以叫作八股。每四股之中，一反一正，一虚一实，此起彼伏，此平彼仄，两两相对，等到经义敷衍完毕，再加上几十个字，算作结束。全文都用古人语气，代古人立言，只有在最后这几十个字里，才可以借题发挥，或评时事，或抒己见。但后来又恐怕“反动”思想混进这几十个字里去，所以出了命令，不准再谈时事。作者既不愿招惹是非，影响功名，结尾又无可发挥，只好收住拉倒，连题外话也没有了。

以上是八股文的形式的大概。

这一种文体，可说是骈文和散文的混血儿。周作人指它是“中国文学的结晶”，未免近于扯淡，但说它的形式“不但集合古今骈散的菁华，凡是从汉字的特别性质演出的一切微妙的游艺也都包括在内”，却是实在的。做八股文的人不但要会做对句，而且也最好还能够打灯谜，所谓破题这玩意儿，正是一种和猜谜差不多的东西。旧时私塾里的对课和猜诗谜，正是做八股文的准备，猎取功名，晋身富贵，不能把它当作低级的玩意儿来看待。

这里且来举一些破题的例子：

譬如，题目是“子曰”，所谓破题，就是要用两句话，把“子曰”这两个字的意义烘托出来。有人就引用了苏东坡的文句，“破”道：“匹夫而为百世师，一言而为天下法。”这的确“破”得很好，上一句暗指孔子，下一句衬出“曰”字来。但幸而这作者是明朝人，倘在清朝，他就要不及格了，因为按照清朝的规矩，破题的结尾，是一定要用一个虚字的。

手头正有一本制艺，可惜作者都非名手，所以也没有较好的破题；但为使大家明白八股文的格式起见，胡乱举几个吧。例如，题目是“予助苗长矣”，那破题道：“事之所必无者，愚人辄以之自矜焉”，“焉”字是虚字；题目是“能使枉者直”，那破题道：“有善其权于使者，而知之为用大矣”，“矣”字也是虚字。这都是中式的文字，不过我看“破”得并不好。

破题以后是承题，承题也有一定的规矩，那就是开头必须用一个“夫”字，就以上面举出的两个例子而论，接着“予助苗长矣”的破题，是承题“夫养苗者，未有以助闻者也；……”接着“能使枉者直”的破题，是承题“夫枉者无不可为直。……”下面就要起讲了，但我想，大家一定不耐烦去看这些劳什子，我也省得多举了。

八股文虽然不必像四六文那样，句句排比，但偶句却还是多过于散文，音调平仄，都极讲究。下面是明朝洪武十八年会试第一名分宜黄子澄文章里的一段，题目是《天下有道，则礼乐征伐，自天子出》：

天下大政，固非一端。天子至尊，实无二上！是故民安物阜，群黎乐四海之无虞。天开日明，万国仰一人之有庆。主圣而明，臣贤而良，朝廷有穆皇之美也；治隆于上，俗美于下，海宇皆熙皞之休也；非天下有道之时乎？……

黄子澄的八股文是制艺中的台阁体，所以作得雍容典雅。但这样的文章毕竟是很少的。八股文在形式方面既须守种种限制，内容又要替圣贤说话，所以普通人往往只学得一点架子，里面却空无一物，例如：

天地乃宇宙之乾坤，吾心实中怀之在抱，久矣夫千百年来已非一日矣，溯往事以追维，曷勿考记载而诵诗书之典要。

元后即帝王之天子，苍生亦百姓之黎元，庶矣哉亿兆民中已非一人矣，思人时而用世，曷勿瞻黻座而登廊庙之朝廷。

这两股文句，平仄音调，都很不错。但什么天地、宇宙、乾坤，什么元后、帝王、天子，每一句里的词汇，都不过是一些同义词的堆叠，作者究竟在说些什么，却不免使我们莫名其妙了。

在字数上，八股文也有一定的限制，清朝顺治初年，以四百五十字为满篇，康熙时改为五百五十，后来又改为六百。凡在三百以内或六百以上的，都不够格。文章虽好，也属无补。

八股文既有这许多束缚，所以很难做得好。明清以来的读书人，虽然有许多在这上面下过苦功，但也不过把它当作拾取功名的敲门砖，门一敲开，砖即无用。所以唐顺之、归有光、方苞、姚鼐、张惠言等人，制艺都做得很不错，但他们引作自己的看家本领的，却还是古文，不是八股文。

到了清朝末年，政治上要求维新的声浪很高，康有为、梁启超们，就首先向八股文开刀，说它空疏无用，主张改用策论，于是这被沿用了四五百年，支配着国家人才得失的文体，终于受着时代巨浪的淘汰，被打入冷宫，永无翻身的余地了。这一次变动，对于后来的文体的改革，细细想来，是不无关系的。

四　白话文及其他

到这里，我们要讲到如今通用的白话文了。

袁中郎在《雪涛阁集》的序文里说："夫古有古之时，今有今之时，袭古人语言之迹，而冒之以为古，是处严冬而袭夏之葛者也。……"顾炎武也说："诗文之所以代变，有不得不变者；一代之文，沿袭已久，不容人人皆道此语。"他们都相信变，相信创造。但他们的所谓变，所谓创造，指的不过是骈、散、顺、涩之间的一点小差别，如果把这种意见作为"五四"白话运动的先进，那是会闹成笑话的。不过在客观上，无论如何，也可以算是对那时候笃信古道者的一个暗暗的抗议了。

然而白话文的存在，却远在这抗议之前。我在前面已经说过，最初的文章，是从口语演化而来的，例如古文家见了就要行三跪九叩礼的《尚书》，用的就是白话。《诗经》里也有很多土语，其中如来叫作“格”，大叫作“诞”，当中的中叫作“殷”，事情的事叫作“采”，杀叫作“刘”，我叫作“台”或“印”等等，都是古人的口头语；至于秦汉人的用白话做诗，在文章里夹用俗语；唐朝的和尚用明快的白话说法，零零星星，不必说了。到了宋仁宗以后，这才又翻出了新花样，坐在皇宫里的皇帝，忽然觉得太闲，有点不耐烦起来，他于是出了命令，要臣子按日替他讲一个故事，当作消遣。这样慢慢地风行开来，几乎成了一个故事世界了，其中也有曲折有趣，可以流布的；为了使故事生动和通俗，就按照口语，一一记了下来，这就是所谓平话。例如现存的《宣和遗事》《京本通俗小说》《大唐三藏取经诗话》之类，就都是的。还有程子和朱子，也都用语录讲学，替我们留下了所谓语录体，这种文体半文半白，大受林语堂们的赞扬，要用它来替代白话，席卷天下，但语录也有一定的格套，今人如何讲得来古话呢！所以这结果也不行。

元朝可说是白话最盛行的朝代，关汉卿、马致远、贯云石等，开始用漂亮朴素的白话文，来编杂剧，写小曲，几乎压倒了历来公认为正统的文言文。但最有趣的是：连那时候的皇帝的诏令，也都满纸土话，且看《元史》所载泰定帝的即位诏：

薛禅皇帝可怜见嫡孙裕宗皇帝长子，我仁慈甘麻剌爷爷根底，封授晋王，统领成吉思皇帝四个大斡耳朵，及军马达达国土，都付来。依着薛禅皇帝圣旨，小心谨慎。但凡军马人民的，不拣甚么勾当里，遵守正道行来的上头。数年之间，百姓得安业。在后完泽笃皇帝，教我继承位次，大斡耳朵里，委付了来。已委付了的大营盘，看守着，扶立了两个哥哥曲律皇帝普颜笃皇帝。侄硕德八剌皇帝。我累朝皇帝根底，不谋异心，不图位次，依本分与国家出气力行来。诸王哥哥兄弟每，众百姓每，也都理会的也者。今我的侄皇帝生天了。也么道迤南诸王大臣，军士的诸王驸马臣僚达达百姓每，众人商量着，大位次不宜久虚。唯我是薛禅皇帝嫡派，裕宗皇帝长孙，大位次里，合坐地的体例。有其余争立的哥哥兄弟也无有。这般晏驾其间，比及整治以来，人心难测，宜安抚百姓，使天下人心得宁。早就这里即位。提说上头，从着众人的心，九月初四日，于成吉思皇帝的大斡耳朵里，大位次里，坐了。也叫众百姓每心安的，上头赦书行，有。

这里“们”作“每”，还有“达达”“大斡耳朵”等，都是蒙古语和土话。明朝永乐的上谕里，也有着同样的材料，例如：

> 永乐十一年正月十一日，教坊司于右顺门口奏：齐泰姊及外甥媳妇，又黄子澄妹四个妇人，每一日一夜，二十余条汉子看守着。年少的都有身孕，除生子令做小龟子，又有三岁女子，奏请圣旨。奉钦依：由他。不的到长大便是个淫贱材儿。

元朝的皇帝是蒙古人，做不好古怪的汉文，这是不足为奇的，这位永乐皇帝竟也是后街王妈妈式的口吻，却实在有点费解。我想，倘不是白话文，绝不能把阴狠的口气，传达得这样逼真的。但最动人的却是张献忠的祭梓潼神文，说道："咱老子姓张，你也姓张，咱老子和你联了宗罢，尚飨！"这多么直截爽快，在专掉文袋的旧社会里，真可以说是文情并茂的作品了。

然而张献忠的不掉文袋，其原因只在于掉不来。另一方面，自从元末明初以来，有意用白话来写的小说，也正在开展。《水浒传》就是这时候的作品，较早的本子文辞拙劣，到后来几经删改，渐趋纯粹，终于被胡适之认为标准货色，要大家采取这里面的白话来应用了。

《水浒传》出世以后，白话小说在民间大大地流行起来，历明清而不衰，其间如《三国演义》《西游记》《金瓶梅》《醒世姻缘》《儒林外史》《红楼梦》《镜花缘》《儿女英雄传》《海上花列传》《老残游记》等等，都是很好的作品，这些书里不但有漂亮的北京话，有些还间杂苏白，对于语文虽然算不得积极的贡献，但就一般的情形看来，却也不能不说是大胆的尝试，因为它的确捣乱了文言的天下。

然而从这时候起，文言也开始起了变化，大约是1905年（光绪三十一年）吧，八股文被废止了，策论接着也宣告结束，被认为古文标率的桐城派，由于严复、林纾的从事翻译，也稍稍改变了以往的面目。梁启超又把桐城派和公安派融和起来，再加上西洋文学的影响，翻陈出新，做出一种平易畅达的文言文来，这种文体通顺明白，有时还掺杂着许多土话、韵语和外国语法，真所谓“笔锋常带情感”。当时就把这种文体叫作新文体，以说明它和吴汝纶之流的古文，并不一样。

梁启超的文章在当时非常风行，新文学运动初期的作家，大抵都受过他的影响。不过这种新文体究竟只能在知识分子中间流行，对于大多数民众，却还是毫不相干的，所以过了不久，在上海和杭州各地，又有了《白话报》《白话丛书》《白话日报》之类的出现，连后来竭力反对文学革命，醉心于《史记》笔法的林琴南，也写了白话道情，可见社会好尚，那时候，也已经在此而不在彼了。

不过这些办白话报、写白话文的人的目的，只是希望识字不多的人，也能够知道一点国事，并不曾想到用白话文替代文言文，这就是他们和后来文学革命论者不同的地方。因为他们把白话文仅仅看作是低级的启蒙文字，目的在于利用它来开发民智，一面又不肯丢弃文言文的格套，所以缺乏创造性。做出来的白话文，几乎不能和《水浒传》等闲书相比。我这里并不是在讲文学史，只希望大家能够明白一些白话文的来历，要紧的还是看一看货色，以及大家对这货色的批评和主张。手头既没有白话报，只记得周作人在《文学革命运动》里曾经摘录过《女诫注释》的序跋，《女诫注释》是《白话丛书》的一种，序跋也可以算作那时候的白话文的代表，我现在先把序文的开头，抄录在下面：

> 梅侣做成了《女诫》的注释，请吴芙做序，吴芙就提起笔来写道，从古以来，女人有名气的极多，要算曹大家第一，曹大家是女人当中的孔夫子，《女诫》是女人最要紧念的书。……

下面是跋文的开头：

> 华留芳女史看完了裘梅侣做的曹大家《女诫注释》，叹一口气说道，唉，我如今想起中国的女子，真没有再比他可怜的了。……

这种扭扭捏捏，一味做作，毫没有情味的白话，怪不得周作人要说它是从八股文译成的了。但清末报章、丛书里的白话文，大抵都是这样的。这种白话不但和口语有着很远的距离，而且还带着文言的腔调，包裹着古旧的意识，写起来固然费事，读起来，也还是十分吃力的。

但是言文一致的主张，不久也提了出来，关于这，我们不得不追溯一下国语运动了。

西洋传教士到中国东南各省来传教的时候，造出各种方言字母，用以拼读各地的方言，翻译《圣经》，成绩很不错，这种教会字母多到几百种。各地和西洋传教士接近的人，也造出拼音符号来，较早的如厦门卢戆章的“切音新法”，香山王炳耀的“拼音字谱”，龙溪蔡锡勇的“传音快字”，吴稚晖也采取独体篆文，发明了一套“豆芽字母”，就用这和他的夫人通着信。但这些字母运动，因为局于一地，还没有引起大家的注意，等到王照的“官话字母”一出，改造文字运动就勃兴起来，因为大家都觉得汉字太难，要富强国家，普及教育，非有拼音字母不可了。

“官话字母”一共有六十几个字母，用两拼的方法，专拼白话，所谓白话，据王照所假定的就是北京话。我们且看他的言文一致的意见：

吾国古人造字，以便民用，所命之音必与当时语言无异，此一定之理也。而语言代有变迁，文亦随之。……故孔子之文较夏殷之文，则改变句法，增添新字，显然大异，可知系就当时俗言肖声而出，著之于简，欲妇孺闻而即晓。凡也、已、焉、乎等助词为夏殷之书所无者，实不啻今之白话文增入呀、么、哪、咧等字。孔子不避其鄙俚，因圣人之心专以便民为务，无“文”之见存也。后世文人欲借文以饰智惊愚，于是以摩古为高，文字不随语言，二者日趋日远。文字既不复当语言之符契，其口音即迁流愈速，……异者不可复同，而同国渐如异域。……

王照的主张得到许多人的赞同，后来劳乃宣又做了“简字谱”，学堂的国文科里也附入了官话一门。等到民国成立，教育部设立了“读音统一会”，但在这个会里，却又把“官话字母”推翻，另造了三十九个“注音字母”，及到1918年（民国七年），这才正式颁布，然而那时候，文学革命的旗帜已经高高地揭起，文言白话各显神通，战鼓擂得正响，千变万化的国语运动，也就进展到另一个阶段了。

关于这一次文学革命运动的起因和经过，在普通文学史里都可找到，这里是无须缕述的。我要说的只是关于白话文的地方，正如大家所知，新文学运动是以白话文为骨干的，胡适把白话的意义解释成三种：第一是戏台上说白的“白”，就是说得出，听得懂的话。第二是清白的“白”，就是不加粉饰的话。第三是明白的“白”，就是明白晓畅的话。这对于白话文的各方面，可以说是解释得相当清楚了。但他的主张却始终带着改良的色彩，所谓“八不主义”虽然是向文学方面建议的，却也可以算作白话文的写作条件，所以这里还得提一提：

> 一曰，须言之有物。
>
> 二曰，不模仿古人。
>
> 三曰，须讲求文法。
>
> 四曰，不作无病之呻吟。
>
> 五曰，务去烂调套语。
>
> 六曰，不用典。
>
> 七曰，不讲对仗。
>
> 八曰，不避俗字俗语。

后来他又把“八不主义”概括起来，成为四条主张：

> 一、要有话说，方才说话。

二、有什么话，说什么话；话怎么说，就怎么说。

三、要说我自己的话，别说别人的话。

四、是什么时代的人，说什么时代的话。

这些主张，大多数还是消极的，他始终没有把写作白话文的时代条件扼要地说出来。其他几个人也都有同样的毛病。在这一点上，可见“五四”白话文的先天，是十分荏弱的。不过他们对白话文的捧场，却的确捧得厉害，真所谓锣鼓喧天，不但淹没了反对者的声音，几乎使对方插不进嘴来。这里，我们再来看看胡适对于白话文的喝彩声：

今日之文言乃是一种半死的文字，今日之白话是一种活的语言。白话不但不鄙俗，而且甚优美适用。白话并非文言之退化，乃是文言之进化。白话可以产生第一流文字，已产生小说、戏剧、语录、诗词，此四者皆有史事可证。

胡适的所谓有史事可证，是要说明白话文早已存在，而且还可以用它来创作文学，并非凭空跳出来的东西。关于这一点，我在上面也已经约略地说过。胡适所特别推崇的，就是《水浒传》《西游记》《红楼梦》《儒林外史》等几部书，他主张大家向这几部书学习，尽量采用施耐庵、吴承恩、曹雪芹、吴敬梓们的白话，“有不合于今日的用的，便不用他；有不够用的，便用今日的白话来补助；有不得不用文言的，便用文言来补助”。这种意见在他的许多文章里都可以看到，真不止说过一次两次，可见他是把旧小说里的白话，当作写作的基础工具的，“五四”以来的白话文所以不能和口语汇成一流，逐渐达到言文一致的阶段，胡适他们的这种主张，负有一定的责任。

不偏于文学，对于白话文的写作有进一步的见解，在那个时候，比较还算傅斯年。傅斯年写过一篇《怎样做白话文》，在这里面，他以为“文章语言，只是一桩事物的两面”，第一，白话文必须根据口语，先讲究说话，话说得好了，自然就做得出好的白话文，所以要“乞灵说话”，“留心自己的说话，留心听别人的说话”。第二，白话文一定不能避免欧化，只有欧化的白话文才能够应付新时代的新需要，“超于说话”，“有创造精神”，所以要“直用西洋文的款式、文法、词法、句法、章法、词技……一切修辞学上的方法”。但他的主张，在当时并没有引起大家的注意和讨论，不久就渐渐地冷落了。

向旧小说里学得来的白话文，依旧还是知识分子独占的工具，和大众几乎不发生什么关系。有人批评“五四”以来的白话文，以为不过把原来的“之乎者也”换了“的了吗呢”，完全是一种不成话的劳什子。所以，到了 1934 年，又有人提出大众语文的口号，以求文章的口语化。在最初，一般对大众语文的解释是："说得出，听得懂，看得明白，写得顺手。"后来又有人在内容上加以区别，以为"大众语应该解释作'代表大众意识的语言'，白话文不一定代表大众意识，而大众语文却是决不容许混进一点没落的社会意识的"。从这两点看来，白话文和大众语文之间的差别，固然已经十分明显。一面也可以知道，所谓大众语文，就是一种排除了没落意识，以大多数人口头活生生的话为基础的一种文章。但起先，一定是倷尼有倷尼的大众语文，阿拉有阿拉的大众语文，然后再由多种的语言慢慢地统一起来。

不过参加讨论的人，大多数是所谓文人学士，写不出真正的大众语文来。大家手提秤杆，讨价还价，纷纷争论了一阵之后，看看篓里，却原来并无货色。于是有人大叫道：拿出货色来！有几个人真的去写了，理想一落到实地，立刻就显出了缺点，到这里，才知道真正的大众语文，绝不是方块字所能传达出来的。要认真推行，归根到底，还得从文字改革上做起。当时所提出的方案是：中国话写法拉丁化。

中国从"五四"以后，就有国语罗马字的创制，由赵元任、黎锦熙等商拟，于 1928 年正式公布，但因为这种文字须标四声，拼法非常繁复，而且定北京话为标准语，妨碍了它的本身的发展。拉丁化新文字克服了这些缺点，迎合着三个条件：第一，简易合用；第二，如实地表达口语；第三，国际化。它一共只有二十八个字母，不标四声，不硬定一个地方的语言为标准话，却主张分区进行，然后再求统一。自从在各地推行以后，收效很广。不过拉丁化新文字正在日趋精密，它还应该撷取国语罗马字的长处，从这一点上着想，两者实在是有携手的必要的。

等到拼音文字代替了方块字以后，大众语文才能普遍地推行，言文也就可以真的一致了。到那时候，我或者会高兴地把这本《文章修养》撕掉，再来和大家谈一点别的什么的吧。

五　关于文体

文章的有所谓体别，是因为写作的目标，应用的材料，表现的方式，措辞的性质，各有不同，因此在体裁上，仿佛也有了差别了。但这差别，往往又并不十分严明，编书的人一时摸不着头脑，不免就显出了拉扯的现象。记得有一位编辑先生说过，只要文章有内容，写得好，则即使分辨不出它是小说、散文或者随笔来，也还是无损于这作品的伟大的，这当然对得很。但对于正在学习中的读者，我想，总还不如分分清楚，来得更为有益吧。

一般人对于文体的解释，是多方面的。有的依据时代来分类，譬如文学史上的所谓建安体、黄初体、正始体、太康体、元嘉体、永明体等等，这是第一种，有的依据作者个人来分类，就如书法上之有颜、柳、欧、苏、赵一样，文章上也有苏李体、曹刘体、陶体、谢体、徐庾体、韩昌黎体、柳子厚体等等，这是第二种；有的依据排列声韵，分为骈体与散体，有韵文与无韵文等等，这是第三种；有的依据成色特征，分为文言、白话、语录、土白等等，这是第四种；就方式和对象上说，则有骚、赋、颂赞、哀吊、论说、奏启等等的分别，这是第五种；就性质和表现上说，则有典雅、远奥、精约、显附、繁缛、壮丽、新奇、轻靡等等的分别，这是第六种。到了末流，只要文章的内容和形式并不一致，则区分类别，何患无辞！不过这样就近于妄诞，终于使文体这一个名词，愈趋模糊，变成一种莫名其妙的东西了。

但我想，愈是莫名其妙，也就愈有把旧账结算一下的必要。

历来的所谓文体，大抵是指方式和对象而说的，这也就是普通书籍里的分类的依据。但究竟是从什么时候分起的呢？这却很难说得定。有人以为是从六经开头的，《尚书·毕命篇》里有一句话，说是“辞尚体要”，指的就是文体。《颜氏家训》里说：“夫文章者，原出五经，诏、命、策、檄，生于《书》者也；序、述、论、议，生于《易》者也；歌、咏、赋、颂，生于《诗》者也；祭祀、哀诔，生于《礼》者也；书、奏、箴、铭，生于《春秋》者也。”但这不过是近似之谈，不但六经里并没有这样明白的类别，而且“《易》文似《诗》,《诗》文似《书》,《书》文似《礼》”，陈政骙已经说得很明白，原来连文章也都差不多。相信文体始于六经，而以颜之推的说法为依归，细细想来，恐怕还是靠不大住的。

不过将文章分类，这方法的确起源很早。曹丕在《典论·论文》里，已经罗列了奏议、书论、铭诔、诗赋等等的名目，陆士衡的《文赋》，也有诗、赋、碑、诔、铭、箴、颂、论、奏、说的区别；整部的著作如挚虞的《文章流别》，就曾把文章分类，替文体开辟了一个新境界，却是毫无疑义的。

稍后，继《文章流别》而起的是《文章缘起》《文心雕龙》和《文选》。这三部书，在性质上并不一样，然而分门别类，和文体却有着一致的关系。任昉的《文章缘起》，从诗、赋、歌、骚到图、势、约为止，一共分作八十四类，可说是十分繁密的了，但因为繁密，有时也不免失之重复，譬如“表”和“上表”，“骚”和“反骚”，原属一体，而《文章缘起》里都是另立名目的，《四库提要》因为它引据疏忽，说是后人伪作，这样说来，然则又并非萧梁时代的作品了。

《文心雕龙》是刘勰的著作，专论文章的体制和品格，一共五十篇，其中有二十篇和文体有关，如《明诗》《乐府》《诠赋》《颂赞》《祝盟》《铭箴》《诔碑》《哀吊》《杂文》《谐隐》《史传》

《诸子》《论说》《诏策》《檄移》《封禅》《章表》《奏启》《议对》《书记》等等，名目繁多，有许多其实可以归并一类的。萧统的《文选》却反而加以扩充，分为三十七类：赋、诗、骚、七、诏、册、令、教、文、表、上书、启、弹事、笺、奏记、书、檄、对问、设论、辞、序、颂、赞、符命、史论、史述赞、论、连珠、箴、铭、诔、哀、碑文、墓志、行状、吊文、祭文等等。在序文里还有一点小小的说明：

> 箴兴于补阙，戒出于弼匡。论则析理精微，铭则序书清润。美终则诔发，图像则赞兴。又诏诰教令之流，表奏笺记之列，书誓符檄之品，吊祭悲哀之作，答客指事之制，三言八字之文，篇辞引序，碑碣志状，众制锋起，源流间出。……若其赞论之综缉辞采，序述之错比文华，事出于沉思，义归乎翰藻，故与夫篇什，杂而集之。……

《文选》里的文章是选到梁初为止的。到了宋太平兴国七年，李昉、扈蒙、徐铉、宋白等奉敕编《文苑英华》，经苏易简、王祜等参修，从梁末选起，算是一部继承《文选》的大著，所以其中的分类，也和《文选》相仿佛，这里是无须论列了。至于真德秀的《文章正宗》，偏于论理，分辞令、议论、叙事、诗歌四门，完全是道学家的见解，连他的弟子刘克庄，也表示不大满意，到了明朝，又大大地受了顾炎武的讥嘲，几乎很少有人提起了。

这以后，吴敏德的《文章辨体》，把文章分为五十四体，徐师曾的《文体明辨》，又扩为一百二十七体，虽然好像较前繁密，其实是哑子多格，越搅越糊涂了。等到姚鼐的《古文辞类纂》一出，这才改去了散漫杂滥的弊病，把相似的归纳起来，分成十三类：论辨、序跋、奏议、书说、赠序、诏令、传状、碑志、杂记、箴铭、赞颂、辞赋、哀祭。曾国藩在《经史百家杂钞》里，又节为十一类，他在序文里说：

> 姚姬传氏之纂古文辞，分为十三类，余稍更易为十一类。曰论著、曰词赋、曰序跋、曰诏令、曰奏议、曰书牍、曰哀祭、曰传志、曰杂记，九者，余与姚氏同焉者也。曰赠序，姚氏所有而余无焉者也。曰叙记，曰典志，余所有而姚氏无焉者也。曰颂赞，曰箴铭，姚氏所有，余以附入词赋之下编。曰碑志，姚氏所有，余以附入传志之下编。论次微有异同，大体不甚相远；后之君子以参观焉。

曾国藩在十一类之上，又加了三门，叫作著述门、告语门、记载门，这是和别的分类法不同的地方。现在再把他的说明抄录在下面：

著述门（三类）

论著类，著作之无韵者。经如《洪范》《大学》《中庸》《孟子》皆是。诸子曰篇、曰训、曰览；古文家曰论、曰辩、曰议、曰说、曰解、曰原、皆是。

词赋类，著作之有韵者。经如《诗》之《赋颂》，《书》之《五子作歌》皆是。后世曰赋、曰辞、曰骚、曰七、曰设论、曰符命、曰颂、曰赞、曰箴、曰铭、曰歌，皆是。

序跋类，他人之著作序述其意者。经如《易》之《系辞》，《礼记》之《冠义》《昏义》皆是。后世曰序、曰跋、曰引、曰题、曰读、曰传、曰注、曰笺、曰疏、曰说、曰解，皆是。

告语门（四类）

诏令类，上告下者。经如《甘誓》《汤誓》《牧誓》《大诰》《康诰》《酒诰》等皆是。后世曰诰、曰诏、曰谕、曰令、曰教、曰敕、曰玺书、曰檄、曰策命，皆是。

奏议类，下告上者。经如《皋陶谟》《无逸》《召诰》，及《左传》季文子、魏绛等谏君之辞皆是。后世曰书、曰疏、曰议、曰奏、曰表、曰札子、曰封事、曰弹章、曰笺、曰对策，皆是。

书牍类，同辈相告者。经如《君奭》，及《左传》郑子家、叔向、吕相之辞皆是。后世曰书、曰启、曰移，曰牍、曰简、曰刀笔、曰帖，皆是。

哀祭类，人告于鬼神者。经如《诗》之《黄鸟》《二子乘舟》，《书》之《武成》《金縢祝辞》，《左传》荀偃、赵简告辞皆是。后世曰祭文、曰吊文、曰哀辞、曰诔、曰告祭、曰祝文、曰愿文、曰招魂，皆是。

记载门（四类）

传志类，所以记人者。经如《尧典》《舜典》，史则《本纪》《世家》《列传》，皆记载之公者也。后世记人之私者，曰墓表、曰墓志铭、曰行状、曰家传、曰神道碑、曰事略，曰年谱，皆是。

叙记类，所以记事者。经如《书》之《武成》《金縢顾命》，《左传》记战争、记会盟及全编，皆记事之书，《通鉴》法《左传》，亦记事之书也。后世古文，如《平淮西碑》等是，然不多见。

> 典志类，所以记政典者。经如《周礼》《仪礼》全书，《礼记》之《王制》《月令》《明堂位》，《孟子》之《北宫锜章》皆是。《史记》之八书，《汉书》之十志及《三通》，皆典章之书也。后世古文，如《赵公救菑记》是，然不多见。
>
> 杂记类，所以记杂事者。经如《礼记》之《投壶》《深衣》《内则》《少仪》，《周礼》之《考工记》皆是。后世古文家，修造宫室有记，游览山水有记，以及记器物记琐事皆是。

姚、曾的分类，虽然已经比较先前的进步，但忽而依照写列的地位，忽而根据文字的形式，标准没有一定，依旧脱不了传统的影响，还是算不得十分精密的。

倘要精密，我以为首先得注意下面这三条，就是所谓包举、对等和正确。但要从对象和方式上，定下确切的类别，却又并不容易。概括地说来，或者就是记叙、论辩和抒情吧。第一类是记叙，专写客观的事物，所谓客观事物，是连想象中假设的情事，也都包括在内的。但记和叙还有一点小小的分别，记事文是静的，专以记述事物的状态、性质和效用；叙事文是动的，专以记述事物的动作和变化；但两者都是客观的记述，所以在性质上并无不同。第二类是论辩，着重于是非的判别，是一种富于建设性的文体，发表自己的主张，批评客观的存在，使自己的意见能够获得读者的信任，凡是寓有这种内容的文章，都应该归入这一类。第三类是抒情，偏于情感，专重发抒，诉说出境心相应的情况，以博取别人的同情，例如哀悼和述怀，就都是的。倘把曾国藩的记载、著述、告语三门，来比这里的所谓记叙、论辩、抒情，大体上虽然很相像，但因为曾国藩偏重于形式，实际上，是并不一样的。

除了根据方式和对象的分类外，是不是还有较好的方法呢？

西洋修辞学上的分别体类，大抵是从性质和表现上着眼的，例如简洁、高雅、平淡、华丽之类，正和《文心雕龙·体性》篇里所说的差不多。陈望道在《修辞学发凡》里，综合中外的说法，析成四组，共计八种：由内容和形式的比例，分为简约、繁丰；由气象的刚强与柔和，分为刚健、柔婉；由于话里辞藻的多少，分为平淡、绚烂；由于检点工夫的多少，分为谨严、疏放。就目前所有分类的方法看来，《修辞学发凡》里所定的体类，应该说是比较完备、比较适当的一种了。

不过立体虽然谨严，但一等到应用体裁，区分起文章来的时候，却仍旧不免于笼统和含糊。因为通常一篇文章，往往具备着好几种性质，并非专属于一体的。就方式和对象来说，记叙的文章里可以有抒情，论辩的文章里也可以有记叙；就表现和性质来说，简约的文章可以兼刚健，兼平淡；繁丰的文章也可以兼柔婉，兼绚烂。这样说来，可又似乎无法归类了，但其实是可以的，唯一的办法是抛开局部的性质，专从总旨上设想，这大概也就是所谓“大处着眼”吧。

六　句读和段落

还有一种似乎无关重要，而其实却应该算作文章的一部分的，是句读和段落。

中国的旧书，无论印写，向来是不加句读，不分段落的。一篇脱了稿的文章，因为并无圈点，所以从头至尾，全是连写着的方块字，望去密密层层，满纸黑斑，好像正在排衙的蜜蜂一样。至于从这些蜜蜂堆里，默察语气，分别句读，那可完全是读者的工作了。古人于此常用朱笔，着在纸上的，其实只是一些简单的钩点而已。

但是，究竟怎样钩点的呢？

《补滑稽传》里说："东方朔上书，凡用三千奏牍。人主从上方读之，止，辄乙其处，二月乃尽。"据段玉裁的考证，"辄乙其处”的“乙”字，并不是“甲乙”的“乙”，其实正是“√”字，《说文》：“√，识也”；“识”就是记认，也即后世的所谓钩勒。和“√”同样的还有“·”，“·”也是加乙的记号，可见在古时，“√”“·”的为用，是一律的。到后来，这才明白地划分开来，断句的是“·”，也写作“、”或“。”；至于“√”，却用来作为专门分段的符号了。现在容易找到的，是旧书摊上的一些经过圈点的制艺文章，每股结束的地方，终可以发现一竖一横的红杠子，就正是由读者加添上去的“√”形的标记。

为了便于述说，这里先来谈谈句读吧。

因为标点是读者的工作，作者可以不费手脚，所以由后人标点出来的古书，常常和原著的古人的意思相违背，闹出了播传人口的笑话。譬如袁中郎的文章吧，前几年，大受有些学者的赞赏，几乎被捧得连尸身也起了疙瘩。一心向往，以情理论，应该是深知中郎的了，但把他的《广庄齐物论》里的“色，借日月，借烛，借青黄，借眼，色无常。声，借钟鼓，借枯竹窍，借锤，借肺中风，借舌腭，声无常。想，借尘缘，借去来今，借人，借书册，借无常。夫不可常，即是未始有衡，未始有衡，即不可凭之为是非，明矣。”点成了“色借，日月借，烛借，青黄借，眼色无常。声借，钟鼓借，枯竹窍借……”借得我们莫名其妙。另一个学者又把张岱《琅嬛文集·琴操脊令操序》里的“秦府僚属，劝秦王世民，行周公之事，伏兵玄武门，射杀建成元吉。魏徵《伤亡》作。”点成了“秦府僚属。劝秦王世民。行周公之事。伏兵玄武门。射杀建成元吉魏徵。《伤亡》作。”把标点移下两个字，原也算不得什么，但一箭结果了魏徵的性命，这手段，却未免过于狠毒，而魏徵也实在死得忒煞枉了。

这样的乱读，乱点，的确有点古怪。但也并不是今人的创作，古人早已有过误会了，《礼记》里有一段说：

> 昔者史佚有子而死，下殇也，墓远。召公谓之曰：何以不棺敛于宫中？史佚曰：吾敢乎哉？召公言于周公。周公曰：岂！不可。史佚行之。

这里的所谓“岂”，是一种坚拒的语词，但却被听作了“岂不可”——哪有不可之理。所以史佚就把他的儿子在宫中收敛了。原来连说话里的标点——顿挫，也不能过于大意的。

但这些虽然曾是事实，到头却不过是笑话而已，因为这错误是明显的。句读的重要性，却不能从笑话里去探求。只在两种点法都能成立的时候，这才可以辨别高下，推究是非，显得出它的重要性来。譬如《论语》里的“民可使由之，不可使知之”，有人以为应该读作“民可，使由之，不可，使知之”的；《庄子》

里的“指穷于为薪，火传也，不知其尽也”，有人以为应该读作“指穷于为。薪，火传也，不知其尽也”的。两说都能成立，这就难以确定了。《鲁迅全集》里的《古小说钩沉》，是很难标点的一部书，出版以后，我也翻过一回，觉得其中颇有几处是值得研究的，除了已向负责编辑者提出外，这里不妨拉两条来谈谈，譬如《裴子语林》里有一条，《全集》的标点是这样的：

> 洛下少林木，炭止如粟状，羊琇骄豪，乃捣小炭为屑，以物和之，作兽形，后何吕之徒共集，乃以温酒；火爇既，猛兽皆开口向人，赫然。诸豪相矜，皆服而效之。

这是通的，但“乃以温酒”以下的标点，照我的意见，不如改为“火爇既猛，兽皆开口，向人赫然。”来得更为妥当，因为上文既不曾提出兽的驯猛，所以，这里的“猛”字，原著者的意思，其实是用来点出火爇的程度的。

下面是《列异传》里的一条：

> 陈留史均，字威明，尝得病，临死，谓其母曰：“我得复生，埋我，杖竖我瘗上；若杖拔，出之。”及死，埋杖如其言。七日往视，杖果拔，即掘出之，便平复如故。

因为后文有一句“埋杖如其言”，我想，前面的“埋我，杖竖我瘗上”是应该改为“埋我杖，竖我瘗上”的。按照行文的条理，这样一来，就可以使前后互相呼应了。自然，不论说得怎样中肯，这也只是我的意见。倘使作者当年亲自加好标点，我们就可以省却许多议论，不必疑神疑鬼，招惹唠唠叨叨的麻烦了。

不过标点的使用，却不仅在于减少读者的麻烦，它还有积极的意义。第一，是要辅助文字，使文章的语气能够如实地传达出来；第二，使读者能够正确地感受到作者的本意。所以，就方法说，宋以来的“凡句绝则点于字之旁，读分则微点于字之中间”，是不够的，我们得更求完备。就对象说，只让读者去乱猜乱点，也是不行的，必须作者亲自来动手，这才能够正确、真实，免除似是而非的错误。

我在小学读书的时候，曾经受过老师的警告，说是书信文章，都是要拿给人家去看的，自己不能预加圈点，一加，就是对对方的不恭敬，怀疑他读不断。这大概也是古训吧，我不明白，含含糊糊地答应了。但那时其实已有并不含糊的人物，在竭力提倡标点，采用了西洋最通行的办法，稍加变通，制定新式标点符号，请求教育部颁行了，到了 1920 年（民国九年）2 月，终于由部令采用，符号一共有十二种：

一、成文而意思已经完足的，用句号“。”。

二、句子里面须读断或停顿的地方，用逗号“，”。凡连用的等价而又平列的词，用顿号“、”。（这两种旧时合称点号。）

三、复句里面单用点号分不清楚的时候，兼词或分句平列的时候，用支号“；”。（旧称分号。）

四、总起下文，总结上文的，用综号“：”。（旧称冒号。）

五、表示疑问的，用问号“？”。

六、表示情感或愿望的语句，用感叹号“！”。

七、凡说话，引语，需要特别提出的词句等，用提引号“‘　’”。

八、语气的断续或加强，意思的急转，用破折号“——”。

表示夹注的，用两条破折号“——”。

九、表示删节或未完的，用省略号“……”。

十、表示夹注的，用括弧“（　）”。

十一、凡是人、地、物的专有名词，都在旁边加上直线，叫作专名号“——”。

十二、凡是书名或篇名，都在旁边加上曲线，叫作书名号“～～～～”。

这些符号，看来虽然十分简单，但等到实际应用的时候，却是并不容易的。就以疑问号和感叹号来说吧，有时就很容易混淆，一句这样的话：

怎么这样的不懂事呢

虽然在语气上是疑问句，但意义是肯定的，所以应该加上感叹号。至于逗号的纠纷就更多，有时可以省去，有时可以添加，一省一加之间，往往能够使语气转变。我们就以芦焚《无名氏》序言的第二段来做例，下面是原书的标点：

但是使我惊讶的却是另一个朋友从这诗和杂感里看出了矛盾，当时我连一个字都不想解释。

我们可以添加几个逗号，变成：

但是，使我惊讶的，却是另一个朋友，从这诗和杂感里，看出了矛盾，当时，我连一个字都不想解释。

就这两段文章看来，后一段因为添加了逗点，顿挫较多，语气也就较为纡缓，短促，每一个部分的意味，都给加强了。但这加强是不必要的，作者在这一句话里，所切重的只有两点，一点是另一个朋友看出了矛盾，一点是我不想解释，所以把全句分成两部，也已经足够了。

总之，标点符号的使用，是应该看行文的需要而定的，在语气上，大抵用长句较为单纯，易见柔美；用短句较多顿挫，易见削厉。最要紧的还是使标点多变化，能够正确地传达出作者自己的意思、情感和口气，不必死守定规的。

其次是关于段落的问题。

历来分段最明晰的，是制艺文章。但制艺的分段不但根据形式，而且还是先有段落，后有文章的。现在的文章可就没有这样的格套了，分段也完全依据文章的内容，随意义来决定。我们且拿一个实例来证明，下面是鲁迅的《拿破仑与隋那》：

> 我认识一个医生，忙的，但也常受病家的攻击，有一回，自解自叹道：要得称赞，最好是杀人，你把拿破仑和隋那（Edward Jenner，1749—1823）去比比看……

我想，这是真的，拿破仑的战绩，和我们什么相干呢，我们却总敬服他的英雄。甚而至于自己的祖宗做了蒙古人的奴隶，我们却还恭维成吉思；从现在的卐字眼睛看来，黄人已经是劣种了，我们却还夸耀希特拉。

因为他们三个，都是杀人不眨眼的大灾星。

但我们看看自己的臂膊，大抵总有几个疤，这就是种过牛痘的痕迹，是使我们脱离了天花的危症的。自从有这种牛痘法以来，在世界上真不知救活了多少孩子，——虽然有些人大起来也还是去给英雄们做炮灰，但我们有谁记得这发明者隋那的名字呢?

杀人者在毁坏世界，救人者在修补它，而炮灰资格的诸公，却总在恭维杀人者。

这看法倘不改变，我想，世界是还要毁坏，人们也还要吃苦的。

在这一篇短短的文章里，一共有六个段落，完全是按照内容来分的。所以在意义上，也就有了六个单位，叙述说明，相互错杂。如果把第三段并入第二段，第六段并入第五段，原也可以；但为求文章条理明晰，重点突出起见，原来的分段，实在可说是最合适的一种了。

现在的文章的分段，比先前分得更短，也更多了，所以看起来比较清楚：一目了然。我想，这大概是因为社会的关系更见复杂，“人事日繁”，为了节省精力，文章的形式就不得不趋于简洁精密的缘故吧。

七　向书本学习还是从生活提炼

学习的基础常常开端于模仿。小孩子在练习写字的时候，首先是画描红格，等到有了一点工架，就进一步临摹名家的法帖，人总是摆脱不了对先进的成功者的依托，在写作练习上，也如此。我们听惯了这样的话："熟读唐诗三百首，不会作诗也会吟。"熟能生巧，意思是要使人从熟读里开始揣摩，由此达到成功的境界，所以，我们古人在教子弟做文章的时候，总是选了一些经史子集，不顾一切地塞过去，他们秉承"开卷有益"的遗训，以为作文主要的门径是多读、多看、多写。但是，推开纸窗说亮话，这所谓看、读、写，其实不过是书本，书本，书本，永远在白纸黑字上兜圈子。

而且这圈子又太小，太偏，太离开了现实社会。

自从唐朝用了帖经的方法，开科取士以后，八股文继起，读书专为应考，所读的范围也就愈来愈狭了。里巷间流行的平话小说固然不准读，就连《战国策》、陈寿《三国志》之类，也都悬为禁律，因为在制艺文章里，用词要有来历，所谓“语语都有出处”，而且这“出处”是只限于经书的。倘使把陈寿《三国志》里的史实，《战国策》里的用语，引用到制艺里面去，那就一定不为考官所取了，杂家尚且如此，稗官野史自然更不必说。《红楼梦》里不是说黛玉因为在行酒令的时候引用了《牡丹亭》和《西厢记》的词句，就大为宝钗所窘么？

这禁忌，其实并非私德问题，而且是不限于女子的。

浏览的范围既狭，可说的材料愈少，文章终于只剩了一点架子，内容却越发空洞了，这就是古文和八股文的通病。李卓吾、袁宏道、金圣叹们反对滥调，竭力提高小说传奇的地位，金圣叹还把《水浒传》《西厢记》和《庄子》《离骚》《史记》、杜律相提并论，把它们封为才子书，要人家子弟反复细看，从《水浒传》《西厢记》里悟出作文的门径来。虽然在当时被目为邪道，但这种看法，却的确能够开拓读者的视野，解放经书的束缚，单就读书方法而论，可以说是相当进步的了。

但这进步，却仍旧受到书本的限制，刚刚从空洞里解放出来的文章，终于又落入了虚伪乖角的泥淖。徘徊于白纸黑字的圈子里，仅仅记住一些花巧的词汇，懂得几种拼凑的方法，我敢说，是写不出什么好文章的。因为文章虽然是表现人类的思想、感情、想象的东西，但这思想、感情、想象，却正是人类的意识对于现实的感应，换一句话说，写作的泉源，是还得从生活的高峰上出发的。

充实自己的生活经验，也就是充实自己的写作的材料。

在古时，生活和文章本来是揉在一起，并不分离的。《论语》里记载孔门师弟的问答，句句都从各人自己的实生活里提出来，并无一个虚设的问题。清朝的颜习斋和李恕谷，也都说读书愈多愈不晓事，“纸上之阅历多，则世事之阅历少；笔墨之精神多，则经济之精神少”，这话虽然偏了一点，但他们都看重生活，看重实际的活动。旧书上说：“太史公游历名山大川，而后其为文愈奇。”这所谓奇，正是由经验积储起来的新奇而又现实的事物，这是新的知识，新的真理，新的感情，它引起人们对于新的希望和憧憬，从生活里得到的经验，正是一篇好的文章的生命。

在留存的狩猎社会的史料里，我们看到最多的是关于兽类的记载。无论是法国或是西班牙，在那些史前时代的山洞的古壁上，大抵都绘着古代野兽的形象；希腊神话和印度故事里，叙述了许多关于狩猎的事情，中国的所谓《卜辞》，几乎全是逐鹿获麟，南巡北狩之类的条文。在某一时代的文字里，往往可以看出这一时代的实际生活的情形。文章和生活的关系是分不开的。在农业社会里，我们就有这样的谣歌：

跳舞！
跳舞！
法师吃了向日葵饭发黄了，
法师吃了谷饭发黄了，
法师黄得像太阳光一样了！
跳舞！
跳舞！
他的小铃儿在摇了，
他的小铃儿丁令丁令好像太阳光啊，
太阳也已经升起来了啊！
跳舞！
跳舞！
亦许我要把我的筐子掷给你，
亦许我要把我的心掷给你。

举起你的筐子，跳舞啊！
放下你的筐子，跳舞啊！

我们的果子已经采下了，

现在可以跳舞了。

我们的影子是长的。

我们的影子的中间的太阳光是明亮的。

你要我的筐子么？

抓罢！

抓罢！

可是你不能抓到我，

我比筐子难抓啊！

——西印度 Pueblo 族《筐子歌》

这一首歌，是西印度普埃伯罗族的农妇，当收成完毕后，大家集合一起，跳舞庆祝的时候唱的。这里充分地显示出丰收的快乐，这种快乐是从生活的果实里渗出来的。如果本身并不是农民，又不曾久居乡村，深入于农民生活，不曾有过和农民一致的情绪，那就不会深切地了解这心情，也自然不会深切地懂得传达这心情的作品，更不必说写作了。

中国民间所传的《插秧歌》《打麦谣》等等，我想，大概也是属于这一类的吧。至于习见于书册，传播于口头的，却并非真正农民的作品，为了使大家对生活有进一步的认识，这里且再举一个例子在下面：

割麦插禾，

泥深没驼。

新妇饷饭拾取螺，

妇家煮糜奉阿婆。

——邵长蘅：《禽言》

这一首和前面所举的稍有不同的地方，因为这里刻画的并不是作者直接的经验，却不过是知识分子代替农民立言，虚拟多于实感，颇近于所谓田园诗人的作品，是文化发达了的农业社会里的产物了。

到了商业社会，生活的各方面都起了变动，文章自然也不能再保持旧有的内容。一个西班牙人率直地唱出了他的希望：

我有点儿金，有点儿银，

有几条海船在海里，

有一个漂亮的老婆；

我还能再要什么呢？

——西班牙民歌

生活永远是变动的。就社会的性质说，文章的反映已经有了这样不同的风貌，再进一步，即使是性质相同，对象相同的作品，只要时间和空际有差别，那所表现出来的姿态，也还是并不一致的。就以恋爱为题材的作品来看吧，下面是歌德笔底的人物：

> 今朝她的面容深深刺入我的灵魂。我看见她单独一人在那里，她默默不语。她呆呆不动弹地审视着我。在她面上我不再看见美的魅力和才的火焰——这些已消灭了。但我被一种更动人的表情所动——这表情就是一种最深的同情和最柔婉的怜悯。为什么我不敢投身在她的脚下呢？为什么我不敢把她抱在臂中，回报她无数的吻呢？她求钢琴来解救她，以低抑而甜美的声音应和着优美的音乐。她的双唇从来没有显得如此动人；它们只消微微启露，使它们可以吸收乐器里发出的和谐的音调，就从她的口里折回极美的震动。啊！谁能表白我的感情呢？我完全被克服了，于是屈了身，发出这个誓言：安琪儿所守着的美唇啊，我永不愿以一吻来污渎你们的纯洁。……
>
> ——歌德：《少年维特之烦恼》

婉转，顺柔，缠绵，我们从《少年维特之烦恼》里所得到的感觉：是温柔的，这正是哥儿小姐们爱弄的玩意儿。然而，当爱神鼓起翼子，飞到流浪的吉普赛人的队伍里时，他也不能不受到生活的洗炼，改变原来的样子了。这里有的是阔大的气息，强烈的情绪，是一切，是绝不能发生在红楼绣阁、公馆别墅里的：

……第二天傍晚，我们围坐在营火旁边，佐拔儿来了。他似乎在想什么，他的面貌瘦得多了，他的眼睛注视在地上，周围各有一道黑圈。他并不看我们一眼，只是说："伙伴们，听我说。这晚上我把我的心搜检了一遍，我在那里面再找不出一块地方来容留我的昔日的自由了。娜达一个人盘踞在我的心里，再没有别的东西。她来了，这位美丽的娜达，她微笑着好比一个皇后。她爱她的自由比她更爱我，然而，我呢，我爱她却比我更爱我的自由，所以我决定拜倒在她的脚下。她吩咐我这样做，使你们大家可以看见我这个不怕一切的洛伊可·佐拔儿，平日像兀鹰玩弄鸭子一般地玩弄妇女的人，现在居然屈服在她的爱力之下做她的奴隶了。但从此以后她就做我的妻子，用她的接吻和拥抱来抚爱我，使我不再唱歌给你们听，也不痛惜我的自由的丧失！娜达，我没有说错吗？”——他抬起眼睛，忧愁地望着她。她不回答一句话，只用力点了点头，用手指着她的脚。……

“好罢！”娜达对佐拔儿说。

“啊，你不要这样忙。时间还多着呢。总之，今天够你荣耀就是了！”佐拔儿笑起来，他的笑声就和钢铁撞击的声音差不多。

“伙伴们，这故事的原原本本我都说出来了，我还有别的什么办法呢？我想，我应该看看娜达的心是否果真这样地硬。我现在就要来看了。——亲爱的伙伴们，原谅我！”

我们还不曾明白佐拔儿的意思，便看见娜达已经倒在地上了，她的心窝里刺着佐拔儿的弯刀，只剩了刀柄在外面。我们痴立不动像瘫了一样。

娜达自己把刀从心窝里拔出来，掷在一边，把她的黑发塞一缕在伤口里，微笑了一下，高声朗朗说：“洛伊可，永别了。我早知道你会这样做的！”——她说了这些话就死了。

……

“啊！我的骄傲的皇后，我要拜倒在你的脚下了！”他，这个佐拔儿高声叫着，他的叫声响彻了草原。他伏倒在地上，把他的嘴唇紧紧地压着死了的娜达的脚。他躺着不动，仿佛也死去了一般。……

——高尔基：《马加尔·周达》

试问：这样的故事是一个生活于软绵绵的环境中的作家所能写得出来的么？

同样地，时间的距离也足以使生活发生变化，因而使反映在文章里的现实显出不同的场面来，最显著的是关于战争的情形：

一更刁斗鸣，校尉逴连城，遥闻射雕骑，悬惮将军名。
二更愁未央，高城寒夜长。试将弓学月，聊持剑比霜。
三更夜惊新，横吹独吟春，强听梅花落，误忆柳园人。
四更星汉低，落月与云齐，依稀北风里，胡笳杂马嘶。
五更催送筹，晓色映山头，城乌初起堞，更人悄下楼。

——伏知道：《从军五更转》

这是见于乐府里的最早的五更调，从这里，我们可以看到古代的一幅边塞荒城的夜景。然而时序终于冲去了城头的风物，在下面这一段文章里，却又立刻可以嗅出20世纪的气息来：

沿着残墓断碑的地势，锯齿形战壕伸展开去，穿过灌木丛，穿过荒稻方畦，穿过草深过膝的棉田……到处是触鼻土腥，混合着积满雨水的膻臭。

浓雾阴沉的天，雨丝淋漓不止。

士兵们连泥带水地乘间掩埋着软豆腐似的尸体，军用铁锹迅速翻着土层，腰躯一弯一直地动着。

灌木丛中蹲着麻子秦，黑脸上斜流下雨水，一粒粒滴，头上裹着的草类伪装，继续输流下来。

“换防的队伍还不见影……”左腮向膝盖一擦，仰头环顾一下。长脚蚊嗡来嗡去，寻觅输送病菌的血管。腐尸上惊起的金绿色苍蝇，雨中沉闷地展着软翅。

忙，都在忙，人们动着，甲虫在跳。

“敌机……”瞭望哨低喊。

兵士们鼻尖贴泥，眼皮近草卧倒。

三五人仰了脸躺着，枪筒斜向天空。

三百米外响声传来，烟雾腾起，土动了下，树枝撒下久蓄的雨水，瑟瑟的一声紧接一声，兵们不响不动，宇宙像原始的沉寂，只有狂魔似的……轰的给大地以震撼，摧毁。……

——骆宾基：《一星期零一天》

某一个时代有某一个时代的生活，某一个区域有某一个区域的生活，某一个阶级有某一个阶级的生活，而且这生活又不断变动着，发展着，文章既然是生活的反映，那么，要使表现深刻，要使作品的内容能够保持特定的式样和色彩，我们必须曾经深入于这所描写的生活，必须对于作品里的现实有过深切的研究，这才能够探得问题的核心，具体地表现出生活的真理来，不至于像照相机一样，只照下一些平面的浮浅的现象了。

能够融化，能够概括，能够从生活里汲取进步的观点，指示出未来的动向的，这就是好文章。

对于喜欢弄弄笔头，写得出好文章来的人，我们就常常称他为文学家。一个伟大的文学家一定是富于生活经验的，大文豪高尔基曾经做过皮鞋店的学徒，轮船上厨子的下手，建筑绘图师的徒弟，铁路的看夜人，饼干司务和面包司务；美国的平民诗人卡尔·山特堡也曾经当过赶货车的车夫，货船上的船伙，在草原上捆过干草，在旅馆里洗过碟子，在理发店里擦过皮鞋，当过漆匠，和西班牙人打过仗。在作品里，他们充分地应用了半世流浪的经历，宇宙是他们的学校，他们向现实学习，懂得怎样从生活里提炼，这就是成功的主要的条件。

但是，实际生活的经验虽然重要，书本工作也还是不能放弃的，在复杂的社会里，我们所能直接地经验到的生活，毕竟有限得很，我们不能不向书籍里求得间接的经验。例如上面说过的高尔基和山特堡吧，他们同时也是读书极多的人物，山特堡是民歌的收集者，他看了许多关于这一方面的书籍；高尔基常常劝人多读古典作家的作品，并且以为即使是坏书，只要善读，也一样可以给人好处。他说："印象，我是从实际生活直接得到的，也从书籍得到。从实际生活得到的印象，好像原料；从书籍得到的印象，就如加工品一般的东西。"在《我怎样学习》里，他又述说了在残酷丑恶的地狱生活里，自己不断地读着书："差不多每本书都给我在没有认识过的世界里打开了窗户。给我讲着关于我不曾知道，不曾看见过的人们，感情，思想和关系。""我愈读得多，书本便愈使我跟世界亲近，生活对于我愈变成光明，有意味。"这可见，即使是向书本学习吧，但在大体上，也还是应该着眼于对生活的关系的。

因为要弥补生活的直接经验的不足，我们才向书本学习，间接地看到现实的更多的姿态。但同时，也可以从这里增进文字的修养，领会写作的手法，我们需要向成功的作家学习，看他们怎样观察事物，怎样展开主题，怎样刻画人物，怎样描写景状，一个读者应该用批判的态度来分析文章的内容，作者通过这文章所建立的任务，所表演的观念，以及这观念对于现实社会的联系，等等。

要比较，要研究，从比较和研究里加深修养，寻出作文的门径来。

一个初学写作的人，必须重视实际生活，同时也应该把读书当作实际生活的一部分，这样，书本上的记载，才不至于成为公式的存在，而可以匀和地融化在自己的生活里，融化在自己的文章里了。

八　题材的搜集和主题的确定

生活经验一经反映和融化在作品里，这就是文章习语上的所谓题材了。

题材存在于现实世界中，是十分丰富的，是一个作者因为限于本身的经历，却只能写一点自己所熟悉的东西。在写作方法上，主张“只写你所深知者”，原是避免浮浅，使文章深刻的办法，譬如吧，一个生长在四川、足迹不曾出过省界的人，他就描写不出海洋的形状来；而一个过惯海洋生活的渔夫，也无法去想象戈壁的游牧民族的生活；要浸沉于孔孟之道的老先生来评论新社会，固然会眼花缭乱，得不到正确的结论；同样，要唐宁街的绅士们说明一下非洲土人的心理，他们也只好眏着眼睛，抓破自己的头皮了。这是因为作者对于所描写或者所评论的对象，先就缺乏实际的知识和体会的缘故。

没有事实，也就没有想象，要写一篇像样的文章，是绝不能依赖于天花板的。

然而天花板以外的天地虽大，作者却无法一一经历，为了谨守“只写你所深知者”的教条，许多人就写起老婆、儿子、吃饭、睡觉等等的身边琐事来，因为在平凡的生活里，他们只有这样的体验，一离开这些直接经历，就觉得没有题材可写，没有意见可说，捏起笔，要恨恨于灵感的不来了。

而灵感偏偏又是不可捉摸的东西。

体验缺乏，灵感不来，那么，文章岂不是就写不成了么？事实上并不然。只要时刻留心，经常训练，灵感也可以通过培养来取得，而要达到这一点，主要是平常善于观察，积储由观察得来的感想和形象，以待提笔时候的应用，这样，就可以有所恃而无恐了。

观察虽然比不上体验的真切，然而范围却较为广泛，可以弥补体验的不足。一个专用直接经验来写作的人，在文章里所表现的社会，一定是狭隘的，他不免于常炒冷饭。然而谁又喜欢冷饭呢？要使文章合于读者的胃口，这时候，最迫切的问题是搜集材料——用观察来扩大自己的视野，展开文章的角度，增加应用的词汇等等。

在这里，我们且来回顾一下，看看世界伟大作家们在写作之前，是怎样地运用着他们的观察方法。首先是左拉——

左拉在观察时候所常用的工具，是书籍，报纸，照片以及其他各种的文件。当他要就某种问题写一篇文章的时候，就搜集许多和这问题有关的书报，抄的抄，剪的剪，分类储藏，然后再用这些储藏着的材料来写作。有时候，他也去做实地的观察，为了要描写唱戏生活，他曾去和优伶接近；为了要明白赌徒心理，他曾去赌场里狂赌；他也常去参观各种不同的生活，跟各种不同的人物谈话，细心地记下那些语言和印象。不过就大体说，到了要写作的时候，临渴掘井，以局外人的态度去访问，去搜集，所得的总不免是一些表面的形状，结论自然也不能深刻，正确。那方法，是不宜于袭用的。另一个作家巴尔扎克说道："在我，观察甚至于成了直觉，他不会忽视肉体，而且更进一步，他会透进灵魂。"究竟用什么方法来透进灵魂呢？因为要去调查平民的性格和生活，他就穿着工人的服装，混在群众的队伍里，显出漠不关心的样子，使他们不加提防，一面却留心他们散工后的闲谈，看戏回来时的夫妻之间的私语：家务的盘算，工钱的支配。他浸沉于这些琐碎的攀谈里，他说："当我谛听这些人的谈话的时候，我能够深入他们的生活；我觉得他们的褴褛披在我的身上，我的脚穿了他们的破的皮鞋走路；他们的欲望，他们的需要——一切都渗入了我的灵魂，或者是，我的灵魂渗入了他们的。这是一个清醒的人的梦。我和他们一同愤恨那暴虐的工头，那欠债不还，使他们反复奔走的坏蛋主顾。摆脱了自己的习惯，由于正义之感的一种陶醉使我变成了自己以外的另一种人，而且任情的弄这玩意——这构成了我的迷幻。”这迷幻通过巴尔扎克的作品，终于也陶醉了他的所有的读者们了。

我想，这就是使文章比较普遍，使文章比较永久的主要的因素。

不过巴尔扎克的观察法虽然较为真实，较为深刻，较为能够握住问题的核心，但在物质条件未臻齐备，士大夫阶级的封建意识未尽消除，体力劳动和脑力劳动完全分离的我们的社会中，这办法行使起来，是会有许多困难的。所以，我们不得不在巴尔扎克和左拉之间，另外寻出一条适当的路途来。在这里，我以为契诃夫的观察法，是值得一提的。

契诃夫虽然不像巴尔扎克一样，化装着混到群众里面去，但也不像左拉似的依赖现成的书报，他往来于各级社会里，随身带着札记簿，把所见所闻的一一记下来，他并非为题目而搜寻材料，却是由材料而产生题目的，因此，出现在契诃夫笔底的故事和人物，一点也不矫揉造作，完全是俄罗斯社会的活生生的典型。

巴尔扎克的方法使我们深入，契诃夫却叫我们多看，多记，由此精选。

高尔基说过他的创造孚玛·戈尔狄耶夫，曾经观察过“不满于自己的父亲的生活事业的一二十个商人的儿子”，鲁迅也说他的小说里的人物，“往往嘴在浙江，脸在北京，衣服在山西，是一个拼凑起来的脚色”。此外如果戈理的乞乞科夫，屠格涅夫的罗亭，冈察洛夫的奥勃洛莫夫等，都是观察了许多同一类型的人物，这才写成的。创造一个人物既然如此，要创造作品里的一个情境，当然也是如此的。必要的工作是研究和观察。

在我们的社会里，有许多事物，我们天天看惯，十分平凡，自以为很能懂得了，其实是并未深思，算不得怎样熟悉的。譬如吧，我们天天说话，却很少有人曾经注意到自己的语调；说话的当儿时时装手势，也很少有人能够记住自己的举止；不但对于日用品如电灯、热水瓶之类，未必全能懂得其构造，就是闭拢眼睛，再来想一想自己最亲热的朋友的脸孔，也不免于模模糊糊，记不出什么特点来了。这就因为平时不曾仔细观察，还没有取得深刻的印象的缘故。

要使题材丰富，我们必须细心地观察事物，把所得的结果记下来：人物的性格，风貌，举止；事件的起因，经过，影响；自己的感想，意见，心得；乃至一个单字，一句土话，一串生动的句子，一些不常见的词汇等等。记录不但便于查考，而且可以供我们比较，研究。虽然《文章修养》的读者不一定要做文学家，然而为求普通的文章写得像样起见，多看多记还是必需的。从前的诗人有所谓诗囊。一到春秋佳日，就带着这诗囊到郊外去寻句，想到了，立刻用纸条记下，收入诗囊，积储既多，然后再拿来整理，修改，拼合。据说李贺做诗，就是专用这种方法的。

这诗囊在意义上，大概也和我们现在的笔记簿差不多吧。

不过揆其实际，却又并不一样。因为古人所记的不过是一些触景生情的所谓妙句，而我们现在要记的却是由观察得来的活生生的现实；古人是把这些妙句拼合起来完事，而我们现在却是要从这些所记的动人的事实里自然地生发开去，用艺术的手腕把这些最主要的、最足以代表的材料概括起来，普通化起来，由此造成一个典型的人物，情境，或者议论。一句话，成为一篇完整的文章。

然而其间也还需要一番揉炼的工作。

旧时读书人在初学写作的时候，最易犯的毛病就是生拼硬凑，把自己肚里所有的一些成语古典，非常牵强地嵌到文章里面去，使通篇前后不相调和。我们在读着这种文章的时候，往往觉得其中有一段很好，好到可以媲美名家；有一段忽然又很坏，坏到简直不能成话。这是因为作者只把题材像百衲衣似的一块块乱贴起来，完全不曾经过融化和洗炼，有所依据的地方头头是道，一失了蓝本，这就现出本相，显得十分浅薄了。

倘不把题材好好地加以融化，洗炼，我想，就是在现今，也还是容易染上这种毛病的。

然则怎样来融化呢？我以为首先的是整理；怎样来洗炼呢？我以为主要的是选择。题材有了，我们就得按照时间和次序，按照内容和性质，把它们一一编排，部署既定，再来做一番挑剔选择的工作，使不必要的枝节可以删去，新的思想和想象逐渐增加起来，然后加以组织，这就可以敷衍成文了。所以，在未曾落笔之前，无论是写纲要也好，打腹稿也好，总之，是必须经过一番筹思的。

譬如吧，当我们要写一篇日记的时候，我们当然得把这一天里所见，所闻，所想，所做的事情，先来回想一下。等到这些事情聚在我们脑里，摆在我们眼前的时候，然后再来剪裁，决定什么是应该写的，什么是可以省的，随着需要写去，这才可以成为一篇像样的日记。如果叫一个小学生去动手，他就常常会把起身，披衣，穿鞋，着袜，洗面，漱口，吃饭，拉屎，甚而至于打一个喷嚏，捉一只苍蝇，统统都写进里面去。无疑地，这样的写法是会失败的。然而作为这失败的原因却很简单，那是因为作者只把搜集到的材料堆积起来，却不曾加以剪裁，并不懂得整理和选择的缘故。

剪裁的标准决定于文章的主题。主题从题材产生，它是文章的灵魂，当我们提笔作文的时候，问问自己：究竟为着要说些什么而写这篇文章的呢？通过手头的材料，我们要说明一种东西，或者要叙述一件事情，或者要提出一个主张，或者要发抒一番感情，总之，当作者决定了自己的想法的时候，文章的主题也就存在了。题材提供主题，主题抉择题材，两者是有着相互的关系的。

旧时文人在谈到文章作法的时候，有所谓立意和命题，是专谈作者怎样来表现自己的思想和意见的，这正和现在的所谓主题差不多。按照常例，命题必须用决断的语气，或者肯定，或者否定。即使有时候在题目里用了疑问的语气，但那实际的含义，却还是确定的。譬如，我们常常看到“中国往哪里去？”“中国人失掉自信力了吗？”等等的题目，但这其实就是“中国往××去”“中国人并没有失掉自信力”的变相说法；即使是提出疑问，也要态度明朗。因为必须是确定的命题，才能代表一种完全的意见。这一层，在议论文和说明文里，尤其应该注意。无论是正是反，每段的意义，必须在同一主题下统一起来。

这就是说，一句句子有一句句子的含义，积句为段，所以每一个段落里，也总有一个可以独立的思想或情景，来作为这一段的代表。然而，“群山万壑赴荆门”，这些独立的思想或情景，却又挨着次序，互相联系，彼此统一，同时或正或反地衬托出一个中心思想——一篇文章的主题来。

主题把握得正确与否，是决定于作者的思想的。

所以，一个初学写作者必须学习思想方法，对现实（题材）多多地体验，精密地观察。在平日既有这样的准备，写起文章来的时候，只要题材现成，这就可以确定主题，毫不困难地动起手来了。

九　字和词·土话和成语

文章的基础是字句，所谓“积字而为句，积句而为段，积段而为篇”，可以说是一定的程式。曾国藩在给刘孟容的信里说，“古圣观天地之文，兽迮鸟迹，而作书契，于是乎有文。文与文相生而为字；字与字相续而为句，句与句相续而为篇”。前人作书，往往根据这些来立论，一谈到古文作法的时候，就有炼字、斫句等等的名目。这以后，我们也要来谈谈字句方面的一般的法则，以及怎样应用这法则的问题了。

文章就是写出来的语言，除了缮写、印刷等等技术上的手续外，两者的性质并无明显的区分。作者应该磨炼自己的语言，使它正确而又活泼地传达出所见所思的事物来。因此，这里所讲的问题，虽然属于文章的范围，论理，也可说是属于语言的范围的。不过由于历来中国语文的分歧，修辞因此也不能不有所差别了。

在这一章里，我们先来谈谈字和词，土话和成语等等的洗炼与应用。

现行的许多书籍里，大抵都用“词”这个字，来统称独体的单字和合体的词儿，正如古人的只用“字”来包括两者一样。在这里，为了使初学者易于明了起见，我仍旧用它们各别的名目，却混合地加以述说，希望读者因此更能看出两者之间的关系，知道字和词的应用，完全是随着需要来决定的。大抵中国的语言宜于用偶数来结合，所以有些单字，因为要凑成偶数，往往加上一个同义的字眼，成为合体的词儿。例如：

道路　方法　书籍　策略　睡眠　行走　询问　嗜好　羞耻　喜欢　贫穷

等等。这种转变，完全是为了便于念说的缘故。我们常说“筑路”，也常说“铺筑道路”，却从来不说“铺筑道”或“铺筑路”的，在这种场合，必须把独体的单字转成合体词儿，这些词儿大抵都保持着单字原来的意义。但也有例外的，如“看”和“看见”，“我看一本书”和“我看见一本书”，那意义就全不一样；

又如“走”和“奔走”，“我走了一通”和“我奔走了一通”，那意义，也是全不一样的。

单字的转成词儿，还有一种方法是加“儿”字或“子”字，例如鞋、帽、桌、椅之类，也可以叫作鞋儿、帽儿、桌儿、椅儿，或者鞋子、帽子、桌子、椅子的。至于船、车、书、纸的称为船只，车辆，书本，纸张，所加的则是单位字。作者必先熟谙转变的方法，这才谈得到洗炼和应用。

沈德潜《说诗晬语》里说：“古人不废练字法，然以意胜，故能平字见奇，常字见险，陈字见新，朴字见色，近人挟以斗胜者，难字而已。”这大概并非虚语，刘彦和在《文心雕龙》里，就替我们留下了练字的四诫：一避诡异，二省联边，三权重出，四调单复。可见古人在作文的时候，不但要避去难字和重复的字，而且连边旁的异同，笔画的多少，也都十分讲究的。不过真能以“平字见奇，常字见险，陈字见新，朴字见色”的，却又并不多。大家所挟以斗胜的，其实不过是难字而已。

举个例说，汉朝的卫宏和扬雄，就都是喜欢奇字的，那原由当然是因为奇字难，不易懂。我们试一翻看那时候的诗赋，则奇谲古奥，全是些不经见的僻字，不易懂的词汇，汉朝的文人本来是以深通字学自炫的，然则以渊古自喜，又岂止卫宏和扬雄而已。汉以后，这样的例子也不少，最有名的是欧阳修嘲笑宋祁的故事，据张晋侯《遣愁集》里说：

> 宋景文修唐史，好以艰深文浅易之语，欧阳公同在馆，思有以训之。一日，大书壁云："宵寐匪祯，札闼洪休。"宋见之，笑曰："非夜梦不祥，题门大吉耶？何必求异如此！"公笑曰："《李靖传》云，'雷霆不暇掩聪'，亦是类也。"景文大惭。

由此看来，沈德潜的非难近代，不免偏袒古人，清以来文人的爱用生僻字眼，大背《康熙字典》，那风气，其实是由来已久了。自从白话文兴起以后，人们已不再有这种古怪的癖好，所以用难字僻词来卖弄才情的，似乎并不多。然而不多而已，却不能说没有。所以在讲到白话文作法的时候，关于难字和僻词的处置，也还不能不交代清楚的。

用字和选词的主要条件是正确、明白、生动、质朴这几点。正确就是恰到好处，不能更易的意思，换一句话说，那就是贴切。我们知道，有许多字，在同一条件下，往往因对象不同而互异。例如，我们可以说"一个人""一只狗""一根火柴"，却绝不能说"一只人""一根狗""一个火柴"，虽然在意义上并没有什么差别，但习惯成了自然，"个""只""根"三字却不能混用了。这种不正确和不贴切的现象，在词儿的应用上更为显著，白话文兴起以后，从日本和欧美输入了许多新词汇，这是非常必要的，但大家不假思索，拿来应用，却又造成了滥用词汇的现象，例如："发明"这个词，总算不很陌生了吧，然而竟有人把"哥伦布发现新大陆"，写成了"哥伦布发明新大陆"；"目的"这个词，也总算不很陌生了吧，然而竟有人把"不能不变更去取之标准"，写成了"不能不变更去取之目的"；及到最近，还有一位先生在所写的电影批评里，用了这样的一句话："应该扬弃掉它的坏处"，他竟不知道"扬弃"这个词里，包含着"除弃，保留，发扬"三层意义，为着一时口顺，居然忘其所以，不论好坏，统统都给弃掉了。此外如单字里的"老"和"旧"，"的"和"得"，"可"和"能"，词儿里的"知觉"和"知识"，"研究"和"学习"，"经验"和"履历"，等等，或因形声相类，或因意义相近，彼此比较易于混淆。而且有些词汇，往往因阶级和地域的不同，遂使用途也有差别。在广东话里夹用了上海的土话"白相"，固然不大贴切；而在一个未受教育的粗汉的谈吐里，插入了托拉斯、恋爱观、诗云、子曰之类的字眼，同样是不算正确的。

正确的条件做到以后，还得讲求明白，相传白居易做诗一脱稿，首先是去念给村媪听，听得懂的才算是定稿。我们写文章的时候，选词用字，也须注意两点：一、写给谁看；二、能不能清楚地传达出自己的本意。第一点是要认清对象，使文章的内容合于读者的程度；第二点是要确定字义，有许多字，往往含有好几个意义，例如《论语》上的“攻乎异端，斯害也矣！”的“攻”字，就有两种说法：一种是把“攻”字当作攻读解，说是研究了邪说，受其影响，这就不好了；一种是把“攻”字当作攻击解，说是攻击了异端，引起反感，这就不好了。两种意思全都说得过去，究竟哪一种是本意呢？却无从明白。这种意义模糊的现象，在词儿里比较少一点。有些单字，用入白话文的时候转成词儿，往往可以变模糊为明白。例如一个“道”字吧，在文言文里有许多意义，译成白话，或者叫作道理，或者叫作道路，或者叫作道教，可就十分明白了，这是因为单字已经转成了词儿的缘故。倘是单字，模糊的现象还是存在的。譬如吧，同样是“我要去了”这句话，“要”字就有两种解释：如果重音是在“去”字，这是我得走了的意思，如果重音是在“要”字，这就成为本来不肯去，现在却愿意去了的意思了。这种字眼，倘使在上下联句里没有暗示或补叙，那就非把它弄明白、弄清楚不可。

生动的意义相当于活泼。刘公勇在词话里谈到炼字的时候，他说：“红杏枝头春意闹，一闹字卓绝千古，字极俗，用之得当，则极雅，未可与俗人道也。”但是，据我看来，这并不是雅与俗的问题，而且也不妨跟俗人谈谈。干脆说一句，这个“闹”字的好处就在于生动。如果我们用“生”字，“红杏枝头春意生”，就觉得描写春意的程度还不够，太弱；如果用“浓”字，“红杏枝头春意浓”，程度深了，却又太死板，远不及“闹”字能够传达出一种活生生的情状。前几年，有人反对大众语文，以为“大雪纷飞”总比“大雪一片一片纷纷地下着”来得简要而有神韵，鲁迅在《花边文学》里，曾经指出“大雪纷飞”里并没有“一片一片”的意思，而且这也不是标准大众语，为了要提供例证，他就举出《水浒传》里的“那雪正下得紧”来。不错，这一句比上面两句好得多了，因为更有神韵，而所以更有神韵的缘故，主要的就在于这句子里的一个“紧”字的生动。此外如阎婆惜抓住了宋江和梁山泊好汉私通的证据时，她说：“今日也撞在我手里，……且不要慌，老娘慢慢地消遣你。”消遣这个词儿，在这里，活活地传出了一个泼妇的毒辣的心肠，也是十分生动的。

生动的字眼大都很平易——也就是所谓质朴。质朴应该是文章的本色。倘有平易的字眼可用，就得应用这些平易的字眼，不必更求华饰的。六朝的文章类多丽辞，近人如徐志摩，也有“浓得化不开”之称，但这些毕竟还有文采，下焉者却用绮丽的辞藻，来掩饰空虚的内容，那就一无足观了。唐朝的徐彦伯就有所谓“涩体”，《唐诗纪事》里说他在提笔作文的时候，一定要把凤阁写作鹮闾，龙门写作虬户，金谷写作铣溪，玉山写作琼岳，竹马写作筱骖，月兔写作魄兔，以求华巧和深奥。郎瑛《七修类稿》里也有类似的记载：

> 虞子匡一日递一诗示余曰，“请商之，何如？”余三诵而不知何题。虞曰，“吾效时人换字之法，戏改岳武穆送张紫崖北伐诗也。”其诗曰：“誓律飚雷速，神威震坎隅。遐征逾赵地，力战越秦墟。骥蹂匈奴顶，戈歼鞑靼躯。旋师谢彤阙，再造故皇都。”岳云：“号令风霆迅，天声动北陬。长驱渡河洛，直捣向燕幽。马喋月氏血，旗枭克汗头。归来报明主，恢复旧神州。”不过逐字换之，遂抚掌相笑。

“三诵而不知何题”，足见这种文章的无用了。倒不如质朴的句子如“池塘生春草”“枫落吴江冷”“澄江静如练”“空梁落燕泥”等，来得自然浑成。王安石说得好：“诚使巧且华，不必适用；诚使适用，亦不必巧且华。要之，以适用为本。”在白话文里，我们也同样可以看到许多有意无意地用着的华巧的单字和词儿，这些常常是不必要的，而且反足以蔽害文意，应该斟酌排除，“宁质勿华，宁拙勿巧”，使字句渐趋平易，这才能够合于质朴的条件。

除此以外，从积极修辞方面说，单字也还有几种不同的变化。第一，是把两个同样的单字连起来，成为词儿，普通都叫叠字。这种叠字当以形容词和副词为最多。就效用讲，是借和谐的声调，来增强语气，加重内含的情感的。例如：

一、喓喓草虫，趯趯阜螽，未见君子，忧心忡忡。

——《诗·国风》

二、彼黍离离，彼稷之苗，行迈靡靡，中心摇摇。

——《诗·国风》

三、河水洋洋，北流活活，施罛涉涉，鳣鲔发发，葭菼揭揭，庶姜孽孽，庶土有朅。

——《诗·国风》

四、战战兢兢，如临深渊，如履薄冰。

——《论语》

五、纷纷籍籍相乱。

——《韩昌黎集·读〈荀子〉》

六、暗暗淡淡紫，融融冶冶黄。

——李义山：《咏菊》

七、寻寻觅觅，冷冷清清，凄凄惨惨戚戚。

——李清照：《声声慢·秋情》

从上面这些例子里，我们知道叠字不但可以单独应用，而且还可以一组一组地聚起来，结成句子的，比如李清照的《声声慢》就是。我们平常讲话的时候，也很多由两组叠字合起来的语句，像“模模糊糊”“客客气气”“爽爽快快”“鬼鬼祟祟”“清清白白”等，就单字而论，这些都只是双叠，有时还有三叠的词儿，像“罢罢罢”“来来来”“去去去”之类，通常虽用标点分开，但就声音而论，却应该连在一起。旧时的例子如陆游的《钗头凤》：

> 红酥手，黄縢酒，满城春色宫墙柳。东风恶，欢情薄，一怀愁绪，几年离索。错错错。　春如旧，人空瘦，泪痕红浥鲛绡透。桃花落，闲池阁，山盟虽在，锦书难托。莫莫莫。

元朝赵显宏更替我们留下了四叠的例子，他的《昼夜乐》说：

> 风送梅花过小桥，飘飘飘飘地乱舞琼瑶，水面上流将去了，觑绝似落英无消耗，似那人水远山遥。怎不焦，今日明朝，今日明朝，又不见他来到。

这里的“飘飘飘飘”并非由两组叠字连合，而是由四个单字叠起来的。白话文因为比较接近于口语，这样的例子也不少。譬如甲乙两人谈话，甲对乙表示不满意和不服气，而又不愿意多所申说的时候，他的嘴里就会漏出联珠似的“好好好好”的声音来，按照通常的习惯，这“好”字往往也是三叠或者四叠的。

第二，是由两个意义完全相反的单字连起来，成为对衬词。这种对衬词也和叠字一样，是中国语言特有的现象。普通是在一件事物里包含着两种相反的成分或动作，以及有这种相反的可能性而尚难决定的时候，拿来应用的。例如：

一、格于上下，克明俊德。

——《尚书·尧典》

二、参差荇菜，左右流之。

——《诗·国风》

三、小大由之。

——《论语》

四、国之所以兴废存亡者亦然。

——《孟子》

五、只得跟着奶奶，我们学些眉眼高低、出入、大小、上下的事儿，也得见识见识。

——《红楼梦》

有时候，也有明知偏重在那一面，而仍旧用对衬词来补足语意的句子，如：

一、老汉这得随他性子，不知使了多少钱财，投师父教他。

——《水浒传》

二、那丈人郑老爹见女婿就要做官，责备女儿不知好歹，着实教训了一顿。

——《儒林外史》

三、若有便人，可通过信息来往。

——《水浒传》

上面所举的“多少”其实是指多，“不知好歹”其实是指不识好，“来往”其实是指来，在意义上，都是偏于一面的。这可说是对衬词的一种变格的用法。

至于成语和土话，应用的范围虽然小一点，但给予文章的意义，却还是非常重大的。有些句子，往往因为夹入了成语或土话，这才显得生动，显得灵活，例如上面所举的“那雪正下得紧”“老娘慢慢地消遣你”等等，其中就夹有古代的土话。我们知道，新文学家里面，老舍的小说里常用北京土话，鲁迅的文章里常用绍兴土话，这些不但建立了他们的特殊的风格，单就语言这方面说，也使表现更有力量，更抵于成功的境地。因为从民间得来的词汇，常常是十分新鲜的。

古文家大都讲究"雅驯"，反对在文章里用入民间——引车卖浆者所操的语言，所谓"其文不雅驯，缙绅先生难言之"，要为穿"长褊裆"的先生们看不起。实在说来，古代的诗文里是很多土话的，《尚书》和《诗经》里的例子，我在前面已经谈过，这里不再枚举了。汉朝的扬雄就有专谈方言的稿子，郑康成和郭璞注书，也都夹杂着齐语和江东语。较早一点的作品如《史记》，记载陈涉的乡人说话，"伙颐，涉之为王沉沉者"，中间也夹用着土话。唐人诗里的"遮莫""耐可""里许""若个"等等，都是从那时候的口头语里撷取得来的，也有通首平易，明白如话，像杜子美所做的一些诗，现在且举一首在下面：

> 夜来醉归冲虎过，昏黑家中已眠卧。傍见北斗向江低，仰看明星当空大；庭前把烛嗔两炬，峡口惊猿闻一个。白头老罢舞复歌，杖藜不寐谁能那？

此外如宋的语录，元的词曲，明清的小说，虽然文体已经采用白话，但和纯粹的口语毕竟是有区别的，所以作者也常常引用土话，借以毕肖书中人的声口，例如《水浒传》里描摹英雄好汉，连各人自称的代名词，也都彼此不同，或者称“俺”，或者称“洒家”，或者称“爷爷”，或者称“小可”，在这些通俗的称谓上，就把各人自己的不同的性格、身份和地位，多多少少地刻画出来了。《海上花列传》里的用苏白，《红楼梦》里的用“京片子”，也都有同样的意义。

成语，通常是指一些用惯了的四字句，如“风声鹤唳”“水落石出”“张冠李戴”“司空见惯”“桃红柳绿”“徐娘半老”“风度翩翩”之类。这些滥调，最为初学写作者所爱用，然而又最易被误用。虽然在上下接榫处可以装头添足，但骨子里毕竟还是一串串的四字句，往往成为文章的累赘。即使用得适当，也只是一副死板板的呆相，早已失掉存在的意义，并无动人的力量了。这些陈语滥调，倘能避免，我想，是应该竭力避免的。所以这里的所谓成语，指的并不是这种四字句，而是日常在口头上应用惯的谚语俗话。这些谚语俗话，大都烫刺着产生它们的社会环境的烙印，表现出现实的机智；它刚健，清新，是文章最好的养料，一经吸收，就使所描绘的情景更为灵活和生动起来。例如：

一、那妇人被武松说了这一篇，一点红从耳朵边起，紫涨了面皮，指着武大便骂道："你这个腌臜混沌，有甚么言语在外人处说来，欺负老娘。我是一个不戴头巾男子汉，叮叮当当响的婆娘，拳头上立得人，胳膊上走得马，人面上行得人，不是那等搠不出的鳖老婆。自从嫁了武大，真个蝼蚁也不敢入屋里来，有甚么篱笆不牢，犬儿钻得入来。你胡言乱语，一句句都要下落，丢下砖头瓦儿，一个个要着地。"

——《水浒传》

二、差人恼了道："这个正合着古语满天讨价，就地还钱，我说二三百银子，你就说二三十两，戴着斗笠亲嘴，差着一帽子，怪不得人说你们诗云子曰的人难讲话。这样看来，你好像老鼠尾巴上害疖子，出脓也不多，倒是我多事，不该来惹这婆子口舌！"

——《儒林外史》

这两段文章里，包含着许多土话和谚语，它们巧妙地托出了两个典型，一个是尖嘴泼辣的婆娘，一个是刁钻奸猾的差人。由于所引用的语言的通俗和活泼，我们不能不承认这两个典型的真实、生动和活龙活现。

民间的土话和成语，被引用到白话作品里面来的，其实并不多。这是一个丰墩，这是一条大路，我们应该用批判的方法，加以发掘和开辟。

十　句子的构造和安排

在这一章里，我们要谈到句子的构造和安排了。

由两个以上的单字结合起来，表示一种完全的思想或动作的，是句子。句子是文章的较大的单位，要使文章写得通顺，那就非把句了造好不可。怎样才能把句子造好呢？我以为应该汪意的有两点：第一，句子本身构造的合于文法；第二，摆入文章里面去的时候上下前后的妥帖与和谐。

关于第一点，那就是句子本身的构造问题。一句句子里至少需有两个部分——主语的部分和述语的部分，所以，最短的句子也得要有两个字。例如：

一、你来。

二、我去。

三、鸟鸣。

四、花落。

述语可以拉长，主语的前面可以加形容词，所以两个字的句子也可以衍成为：

一、你从山坡上缓缓地下来。

二、我打那条小路过去。

三、百鸟齐鸣。

四、那朵深红的小花昨夜已经凋落了。

这些句子虽然比较长一点，但就文法而论，却还是单句，不算复杂的。复杂的句子里有许多分支，为了节省篇幅，这里只把二、四两句衍为复句，作为这一方面的例子：

二、为了避免被敌人撞见，我就舍弃了那条两旁驻扎着大队人马的官道，情愿多吃些苦，打小路过去。

四、经过一夜的狂风暴雨，院子里那朵深红的小花，经不起摧残，已经凋落得不留一点痕迹了。

复句虽然有许多顿逗，但必须读完全句，这才能够明白所含的意义。用文法来分析，复句和单句的构造，除了繁简的不同外，两者是完全一样的。

但是，也就因为繁简不同的缘故，造句的难易仿佛有了差别。一般说来，单句容易合乎律例，复句因为繁复的缘故，易犯文法上的毛病，这里且从手边的书里列举几种在下面，作为写作时候的参考。第一种是脱漏和累赘：

一、为了去解答这个问题，我十分的分析过这草原上所有的社会的机构。

二、从 ×× 先生战前到战后的创作和理论大体上说来，在今天并没有怀疑作为一个艺术家的他的良心的根据。

三、在无数的不可计算的失去的村镇中，最使我因怀念而想起的，是我的出生地——故乡。

上面第一个例子里，“我十分的分析过”是不通的，一定得说“我十分精细的分析过”，才能算作一个完备的副词；第二个例子里，“从……创作和理论大体上说来”，虽然勉强看得懂，但按照句法，是应该写作“从……创作和理论的大体上说来”的，而“在今天并没有怀疑作为……的根据”也应该写作“在今天并没有可以怀疑作为……的根据”这才使句子站得牢，收得住；第三个例子里的“无数”和“不可计算”，“怀念”和“想起”，“出生地”和“故乡”，在意义上都是重复的，这样的文章而流布开去，岂不等于戴着两顶帽子，却又招摇过市么？这种脱漏和累赘，是造句首先应该注意的弊病，不能含糊过去。第二种是转折得不够清楚：

一、我觉得这样的生活太没有意义，但是我无论如何也不能顺受了。

二、高个子，浓眉大眼，满脸横肉，不过看过去却又凶恶得很。

三、也许是：溪边银杏在滴红，

一万丈飞帛穿过了危崖；

可是这片月光下，千百次

询问，只有山谷和你答话。

一句句子的含义有了转迁的时候，中间就得夹用转折词，大都前后稍有不同的是转，截然相反的是折。有些人因为“但是”“然而”惯了，演讲的时候满嘴里都是“不过”，文章里呢，就在意义没有转迁的地方，也用了转折词，譬如上面所举的例子，就都是的。这种毛病最为初学写作者所易犯。第三种是单数和多数的误置：

一、在许家镇上，碰到五六个操着余姚口音的孩子在一株大柳树下休息，我们过去，和他们攀谈，问他们去处，他们说："我要穿过马鞍岭，到萧山前线去。"

二、人们是残酷的东西，当他的血盆似的大口张开来时，哪一种生物能够逃避被吞噬的命运呢！

第一个例子里的"他们说：'我要穿过马鞍岭，……'"必须改为"他们说：'我们要穿过马鞍岭，……'"才对，因为多数的"他们"说话，是不能用单数的"我"来自称的。第二个例子里的"人们是残酷的东西"，是多数；"当他的血盆似的大口张开来时"，忽而又用单数，也是不对的，必须把上面一句改为"人是残酷的东西"才对，因为这样一来，前后就可以合调，不至于牛头不对马嘴了。第四种是称谓的错乱：

一、予既哭瞿先生，久之，不能忘。尝他出，过所居晋阳浮图，往往返其辙。

二、英弟！你曾经对我说过，你一天也不能离开我，现在言犹在耳，你又为什么撇弃了她，独自远去，让她一个人留在人世呢！

当一篇文章脱稿的时候，如果作者是述说自己，追叙往事，那就宜于用第一人称，如果置身事外，纯属客观，那就宜于用第三人称。既经择定，彼此是不能移用的。上面第一个例子里，“予既哭瞿先生”的“予”，和“往往返其辙”的“其”，所指的都是作者自己；第二个例子里，“你曾经对我说过，你一天也不能离开我”的“我”，和“你又为什么撇弃了她，独自远去，让她一个人留在人世呢”的“她”，所指的也都是作者自己。这样的忽“予”忽“其”，忽“我”忽“她”，不但使文意含混，而且在文法上，也是说不过去的。

这四种毛病，在普通的文章里常能找到，就以上面所举的例子说，有些是从初学写作者的文章里摘出来的，有些则是所谓名家的手笔。久亲笔墨的人尚且如此，足见那错误的普遍了。

关于第二点，那就是句子的安排问题。要使句子摆在文章里面妥帖与和谐，就得注意上下前后的关联，顺着文气，随着需要，再来决定句子的式样。我们知道，同样一个意思可以用几种不同的字眼，同样一句句子可以有几种不同的说法，我们应该深通句法的变化，默记各别的式样。如果第一次写下的句式不妥当，就来换一种，仍不妥当，再来换一种，这样不断地换下去，直到完全妥帖而后止。普通的句法的变化如：

昨天下午我和两个同学到法国公园去散步。

我和两个同学到法国公园去散步是在昨天下午。

昨天下午到法国公园去散步的是我和两个同学。

昨天下午我和两个同学去散步的是法国公园。

我于昨天下午和两个同学到法国公园去散步。

我和两个同学于昨天下午到法国公园去散步。

法国公园是昨天下午我和两个同学去散步的地方。

我是昨天下午和两个同学到法国公园去散步的人。

上面是八句同一意义而重点略有区别的式样不同的句子。自然，一句句子的变化是绝不止八种的，倘使把字面稍加改动，一定还可以写出别的许多式样来，大抵句子愈长则变化愈多，这里只举这八种，我想，大概也可以略见一斑了吧。

除了字面位置的更动外，一句句子至少还有两种不同的变化，那就是长短和单排的问题，如果说字面位置的更动是句子本身的变化，那么，长短和单排，可以说是句与句之间的变化了。

文言文的拥护者常常把简短作为造句的优点之一，这其实是不大确切的，我以为至少先得看看这简短的含义是否正确。硬要把文章写成简短，这就会使词意含混，因而影响到作品的内容；反过来，倘使句子里有冗长而不必要的字眼，那也是应该加以清除的。刘知几在《史通》里，论及《汉书·张苍传》里的“苍免相后，年老口中无齿食乳”，以为其中的“年”“口中”三字，是多余的，改为“苍免相后，老无齿，食乳”。意思既没有出入，词句也较为洁净，这见解很不错。《给初学写作者的一封信》里引奥里明斯基的话，也有同样的意见：

> 为驳复外间的诽谤起见，举个还未忘记的例子来说。有篇文章，我记得好像是描写蒂威尔城的示威游行似的。文末谓：“在游行的地方，曾来了地方警察，拘捕了八个游行示威的人。”这种类似的句子是很普通的。把它们整个儿的排印起来是否需要呢？譬如“地方”两字，难道在蒂威尔城来的警察，不是当地的，而是卡桑的么？其次，“在游行的地方来了”云云，难道警察不来可以拘捕么？至于“警察”云云，除了警察以外，谁还可以捕人呢？最后，“游行示威的人”云云，自然，不是母牛，也不是行路的人吧。所以，留下排印的仅为“八人被捕”，即是所需要者，其余的统统删掉了。

废话的删去固属必要，但是硬把句子装成简短，却又可以减低句子的明确性，使意义不能完整。普通的文言文，就都有这样的弊病。唐子西《文录》:

> 东坡诗叙事，言简而意尽。惠州有潭，潭有潜蛟，人未之信也。虎饮其上，蛟尾而食之，俄而浮骨水上，人方知之。东坡以十字道尽云:“潜鳞有饥蛟，掉尾取渴虎。”言“渴”则虎以饮水而召灾，言“饥”则蛟食其肉矣。

简短诚然是简短的，但按以唐子西的文章，含义却并没有完尽。首先，这十个字里并没有指出所在地的惠州，也没有“人未之信也”和“浮骨水上”的意思，这样说来，东坡十个字比唐子西义章里的“潭有潜蛟，虎饮其上，蛟尾而食之”，只不过少了三个字，意义却反而含混，可见是并不高妙的。名手如东坡尚且如此，其他的自然更不必说了。

《唐宋八家丛话》里记载奔马的故事，也是关于简短的问题的:

> 欧阳公在翰林日，与同院出游，有奔马毙犬于道，公曰，“试书其事。”同院曰，“有犬卧通衢，逸马蹄而死之。”

> 公曰，“使子修史，万卷未已也。”曰，“内翰以为何如？”曰，“逸马杀犬于道。”

简短诚然也是简短的，然而主词的地位变动了，未必尽合原意。句子的好坏不能由长短来判断，或长或短，必须合乎提笔时候的需要，什么是提笔时候的需要呢？这就是含义的完整和明确。

然而完整、明确之外，一面也还得讲求格调的和谐，世上固然不会有通篇都是长句的文章，也绝不会全是短句的，要不然，那便成了毫无趣味的《三字经》了，所以普通的文章总是有长句，也有短句，不但长短相间，而且单排互参，读起来十分匀畅，可以朗朗上口，曲尽抑扬顿挫之妙的。

单句就是自成起讫，可以独立的句子，在普通的单句里，不但忌用太多的相同的字眼，连太多的相同的句调，也得避免，譬如：

> 两人的脾气是不同的。自然，相通之点是有的，但比较起来，差别是显然可见的。

这种句子在文法上并没有毛病，因为连用了几个“是……

的”，读起来却非常不顺口，不舒服，这是因为单句忌同的缘故，倘是排句，即使句法和字眼相同，可就反而见得谐和了。例如：

一、江之南，有贤人焉，字子固，非今所谓贤人者，予慕而友之；淮之南，有贤人焉，字正之，非今所谓贤人者，予慕而友之。

——王安石：《同学一首别子固》

二、同伴远走高飞，有的发了财，有的做了官，有的为害于民，有的为利于国，有的流转沟壑，死而不得其所。……

——李健吾：《希伯先生》

三、教之在中国，何尝不如此。讲革命，彼一时也；讲忠孝，又一时也；跟大拉嘛打圈子，又一时也；造塔藏主义，又一时也。有宜于专吃的时代，则指归应定于一尊，有宜于合吃的时代，则诸教亦本非异致，不过一碟是全鸭，一碟是杂拌儿而已。

——鲁迅：《吃教》

属于同一范围或同一性质的事象，用字数相近，组织相似的句法逐一表现出来，这就是排句。有些是短排，如第二例；有些是长排，如第一例。但即使是排句吧，它的本身也还须有变化，绝不能用一种句法排到底的，譬如第二例的“有的发了财，有的做了官”，是一种式样，“有的为害于民，有的为利于国”，又是一种式样，“有的流转沟壑，死而不得其所”，则又单独的成为一种式样，和前面两句一排的不相吻合了，这正是使文章灵活多彩，避免呆板的办法。

再就意义上说，排句也有逐步分别浅深的，或则由浅而深，或则由深而浅，例如：

一、名不正，则言不顺；言不顺，则事不成；事不成，则礼乐不兴；礼乐不兴，则刑罚不中；刑罚不中，则民无所措手足。

——《论语》

二、前年的今日，我避在客栈里，他们却是走向刑场了；去年的今日，我在炮声中逃在英租界，他们则早已埋在不知那里的地下了；今年的今日，我才坐在旧寓里，人们都睡觉了，连我的女人和孩子。

——鲁迅：《为了忘却的记念》

三、我始而静思，继而沉吟，终于大笑。

——唐弢：《拾得的梦》

这些句子，含义都是一步紧似一步，不像前面所举的例子似的，彼此并列了。这可以说是排句的别一格。但在形式上，并没有显然的区别。

出乎排句，而在形式上又和排句稍有区别的，是修辞学上称为反复格的句子。正如字之有复叠一样，反复的句子也是为了要表现强烈的情感和意见，这才用重复讲述的方法，把同样的话讲上好几遍。于此，人们可以得到一种强烈而又和谐的感觉，例如《论语》上的：

命也夫，斯人也而有斯疾也！斯人也而有斯疾也！

这是因为冉伯牛生了麻风病，孔二先生非常惋惜，所以反复中说，以表示低回嗟叹的意思。相似的例子多得很，这里不再一一枚举了。但是，反复的句子还有两种不同的式样，却须交代清楚，一种是隔开来的，如：

一、其惟圣人乎！知进退存亡而不失其正者，其惟圣人乎！

——《易·乾卦》

二、静静地没有一点声音。

我静静地来到这里的山上。

——时是正午。

天上没有一片浮云，

太阳牢不动地在天空钉着；

兽藏洞中，

蛇卧草里，

树脂如蜡泪一般地流着；

一滴，一滴地枯死在岩石上。

静静地没有一点声音。

——毕奂午：《山中》

这种隔开来的反复句子，当以用在诗歌里的为最多，但在别的文章里，有时也一样可以找到，例如鲁迅在《出关》里，就用了好几句“好像一段呆木头”，来形容老子的毫无动静。还有一种反复的句子，是就原句加一二虚字，使字数略有变动，而仍保持大部分的面目的，如：

一、在我的后园，可以看见墙外有两株树，一株是枣树，还有一株也是枣树。

——鲁迅：《秋夜》

二、如果说这真是一个筵席。孩子，你为什么要先我而散去，你为什么要先我而散去呢？

——唐弢：《心上的暗影》

按照惯例，反复的句子总是申述同一意义，指点同一事物的，这里的第一个例子，所指的却是两株树，两件同样的东西。本来只用“两株枣树”四字，就可以说完了，作者却把它分成两部来说，用以增加文章的韵味，使人对此有回荡的情调，朴美的感觉。而这所谓回荡的情调，朴美的感觉，也往往是所有反复的句子的同有的特性。

一个初学写作的人，如果能够牢记句子的构造的规律，安排的法则，一面又勤于学习，随时留心，则一切造句上的困难，我想，是不难迎刃而解的吧！

十一　明喻·暗示·借代·比拟

懂得了句子的构造和安排，避去文法上的毛病以后，文章自然做得通顺了，然而单是通顺还不够，一面也得讲究适合，漂亮，因此在词章之外，我们还得研究一下其他方面调节的方法——有些属于材料，有些属于意境，这里首先要谈的，是明喻、暗示、借代和比拟。

所谓明喻，在这里，是一个用来作为和暗示对称的名词，在普通的修辞学里，就叫譬喻，譬喻里原有明譬和隐譬的分别，明譬就是在譬喻的前面或后面，用入了“好像”“仿佛”“犹如”“如同”“似的”“一样”等等的语词，确定了正文和譬喻的关系，例如：

一、更有那一株半株的丹枫夹在里面，仿佛宋人赵千里的一幅大画，做了一架数十里长的屏风。

——《老残游记》

二、此后回到中国来，我看见那些闲看枪毙犯人的人们，他们也何曾不酒醉似的喝采，……

——鲁迅：《藤野先生》

三、眼睛再望过去是一片淡蓝色的海水，海水是平静的，三四只帆船点缀在那里，像几个黑点。

——巴金：《香港》

这些都是明譬的例子，倘是隐譬，这就用不到“仿佛”“似”“像”等等的语词了，例如：

一、……三十功名尘与土，八千里路云和月；莫等闲白了少年头，空悲切！

——岳飞：《满江红》

二、旧恨春江流不尽，新恨云山千叠。

——辛弃疾：《念奴娇》

三、但花下也缺不了成群结队的“清国留学生”的速成班，头顶上盘着大辫子，顶得学生制帽的顶上高高耸起，形成一座富士山。

——鲁迅：《藤野先生》

取譬和被喻的事物，在本质上应该是绝不相同的，但那譬喻到的一点，却又必须极其相似。唯有在不同的事物里找出相同的特征来，这才能够使读者得到深刻的印象。否则说“上排牙齿如同下排牙齿”，那就等于白譬一通。正如有些字典里的注音一样，譬如我们要查“宿”字的发音，那字典里道：“宿，音夙。”不懂！再去查“夙”字时，却又道：“夙，音宿。”从这里，我们毫无所得，有的只是一点莫名其妙的感觉。

所以，除了某一点的相似外，在本质上，两者必须是截然不同的。而且取譬的事物也得比被喻的事物更为具体，更为熟悉，这才易于了解。倘是抽象的概念，则更需要用鲜明的物象来作譬，古人就常以山水喻愁多，《鹤林玉露》里说：

> 诗家有以山喻愁者，杜少陵云：忧端如山来，澒洞不可掇，赵嘏云：夕阳楼上山重叠，未抵春愁一倍多，是也。有以水喻愁者，李颀云：请量东海水，看取浅深愁，李后主云：问君能有几多愁，恰似一江春水向东流，秦少游云：落红万点愁如海，是也。贺方回云：试问闲愁知几许，一川烟

草，满城风絮，梅子黄时雨，盖以三者比之愁多也，尤为新奇，兼兴中有比，意味更长。

从上面这段话里，可以知道古人常用实物来譬喻抽象的概念，而且取譬和被喻的事物，本质上并不属于一类。就材料说，取譬的事物必须稔熟，习见，但也不宜于应用人家已经嚼烂了的陈腐的譬喻，却应该另辟蹊径，从自己开头去发掘。至于明譬、隐譬，那倒可以随时变通，不必十分认真的。

因为这并不是主要的问题。

一个譬喻，虽然在字面上有明说和不明说的分别，但用事物来比拟思想的对象，彼此却并无不同，而且这取譬的事物总是稔熟，通俗，交代得十分清楚的，所以，无论明譬、隐譬，取材必须明显，所以在这里，我就把两者一齐纳入明喻的下面，以此来作为譬喻的代称词了。

和明喻相反的是暗示，暗示不但不用题外的事物来譬喻，来陪衬，而且要在有限的笔墨里，传达出无限的情境来，古人的所谓“意在言外”“余味不尽”等等，指的就是这类的手法，例如：

一、朱雀桥边野草花，乌衣巷口夕阳斜，旧时王谢堂前燕，飞入寻常百姓家。

——刘禹锡：《乌衣巷》

二、六朝旧事随流水，但寒烟衰草凝绿。

——王安石：《桂枝香·金陵怀古》

三、庭有枇杷树，吾妻死之年所手植也，今已亭亭如盖矣。

——归有光：《项脊轩志》

第一、第二两个例子，都是从眼前景色，回想到往昔豪华，以暗示人事变迁，兴亡无常；第三个例子即就枇杷树生发，不但有物在人亡之感，而且从枇杷树的“亭亭如盖”，暗示出逝者已远，往事因而也不可复追。这种暗示的文句，读起来，往往比明说更耐咀嚼，更有余味，更能留下深刻的印象。

相传宋朝徽宗的时候，建设画学，常常以古人诗句命题，考试四方画工，有一次，题目是“竹锁桥边卖酒家”，许多人都在酒家上用功夫，画得精细工致，都不中式，那入选的一幅画，却只在桥头竹外，画一个酒帘，上面写一个酒字而已；又有一次，题目是“踏花归去马蹄香”，这香字是抽象的，画不出来，有一个画工却别出心裁，画了几只蝴蝶，飞逐着马蹄，这样一来，可就完全把“马蹄香”三字暗示出来了。后者是无中生有，前者是即少见多，都可以说是暗示的成功的手法。

除了无中生有和即少见多外，还有一种是侧面描写。譬如要描写一个美女，只说些“杏眼樱口”之类，那印象总不免于模糊。汉乐府诗《陌上桑》里，描写一个美女出门，由于她的超凡的漂亮，耕田的人放下了犁头，走路的人停止了脚步，肩挑的人歇下了担子，他们都出神伫观，忘记了自己的工作；在这里，读者也会看到一个活生生的美女，并不像直接描写出来的那样呆板，模糊。这也是暗示里的成功的手法。

在言论不自由的社会里，作者要批评政治得失，不能明言，常常只能用暗示的方法，所以暗示也是讽刺文学必具的条件，侯方域《与阮光禄书》里说：

> 士君子稍知礼义，何至甘心作贼！万一有焉，此必日暮途穷，倒行而逆施，若昔日干儿义孙之徒，计无复之，容出于此，而仆岂其人耶？

阮大铖曾经依附于魏忠贤门下，侯方域的所谓“昔日干儿义孙之徒”，暗地里就是指他，不过当面不加说穿而已。鲁迅的大部分作品——尤其是后期所写的短文，都有着这样的风味，现在试去翻翻《伪自由书》里的《现代史》和《大观园的人才》，读者一定可以从作者的暗示里，找到“九一八”前后的时代，以及浮游于这一时代里的某些丧尽廉耻的人物。

和明喻相仿佛的是借代，不过明喻着重于事物之间的类似点，借代则着重于两者之间的关系，而且明喻仍旧以所说的事物为主体，借代却直截了当地用那关系事物的名称，来代替所说的事物，例如：

一、孰谓鄹人之子知礼乎？

——《论语》

二、慨当以慷，忧思难忘，何以解忧，惟有杜康。

——曹操：《短歌行》

三、马氏五常，白眉最良。

——陈寿：《三国志·马良传》

四、无丝竹之乱耳，无案牍之劳形。

——刘禹锡：《陋室铭》

五、汉皇重色思倾国，御宇多年求不得。

——白居易：《长恨歌》

六、一曲清歌，暂引樱桃破。

——李后主：《一斛珠》

七、十年不见老仙翁，壁上龙蛇飞动。

——苏轼：《西江月》

八、只有南来无数雁，和明月，宿芦花。

——文天祥：《唐多令》

九、那么苦着把阿大养大，他可给那个狐狸精钩了魂去——跟老太婆作对。

——张天翼：《善女人》

十、没有风，但仍旧是非常冷，黧黑的夜晚，远处时时传来狗叫。

——丁玲：《冀村之夜》

从上面这些例子里，我们可以知道借代的方法。邹人之子代替孔子，杜康代替酒，白眉代替马良，丝竹代替音乐，倾国代替佳人，樱桃代替口，龙蛇代替文字，芦花代替芦花丛，狐狸精代替媳妇，狗叫代替狗叫的声音，或者根据地域，或者根据形象，或者以部分代全体，或者以具体代抽象，推而至于一件东西的制造者和所由造成的材料，也都可以作为这东西的本身的代表，就大体说，都是由两者的关系来勘定的。

借代可以使文句灵活，不致呆滞。但也有应该注意的地方，这就是关系的是否切合，如果用杜康来代替白兰地，用丝竹来代替西洋音乐，可就远离了事实，不十分恰当了。

至于比拟，却比借代更近于明喻，因为这也是着重于类似点的。通常有拟人和拟物的分别，拟人就是以物比人，拟物却是以人比物，但在应用上，后者却不及前者普遍。因为拟物的时候，多数是只取人类身上某一部分来相比，其能及于全体的，似乎比较少见。

拟人的例子以童话为最多，在一本给孩子看的书籍里，往往是狗儿也能说话，风儿也会打架的，自然，这样的例子在普通的描写文和抒情文里，也可以找到。下面就是以物拟人的例子：

一、感时花溅泪，恨别鸟惊心。

——杜甫：《春望》

二、天与水远，云连山长，黄鹤晓别，愁闻命子之声；青枫暝色，尽是伤心之树。

——李白：《送魏四》

三、惟有楼前流水，应念我终日凝眸。

——李清照：《凤凰台上忆吹箫》

四、逾时，道无行人，狼馋甚，望老木僵立路侧，谓先生曰：“可问是老。”先生曰：“草木无知，叩焉何益？”狼曰：“第问之，彼当有言矣。”先生不得已，揖老木具述始末，问曰："若然，狼当食我耶？"木中轰轰有声，谓先生曰："我杏也，往年老圃种我时，费一核耳。……"

——马中锡：《中山狼传》

五、有一天，小鸡仍照常和小鸭游玩着，太阳已经要落山了。小鸡对着小鸭说：

"你最喜欢什么呢？"

"水呵，"小鸭回答说。

——爱罗先珂：《小鸡的悲剧》

六、鬼映眼的天空越加非常之蓝，不安了，仿佛想离去人间，避开枣树，只将月亮剩下。然而月亮也暗暗地躲到东边去了。

——鲁迅：《秋夜》

七、这白色的小圆片在青翠色的背景前飞了起来，……也有坠在浅涧里的，那就见银光一闪，你不妨说这便是水的欢迎。

——MD：《红叶》

八、隐隐的曙光一线，在黑沉沉的长夜里，突然地破晓。霎时烘成一抹锦也似的朝霞，仿佛沉睡初醒的孩儿，展开苹果也似的双颊，对着我微笑。

——刘大白：《自然的微笑》

下面是以人拟物的例子：

一、刘备非久屈为人用者，恐蛟龙得云雨，终非池中物也。

——陈寿：《三国志》

二、会胡太六，知社中兄弟，近益精进，弟谓诸兄纯是人参甘草，药中之至醇者，若弟直是巴豆大黄，腹中饱闷时，亦有些功效也。

——袁宏道：《与陶石篑书》

三、……闻其绝命前夕，吟哦未已；手不能书，画之以指。此则杜鹃欲化，犹振哀音；鸷鸟将亡，冀留劲羽。

——洪亮吉：《出关与毕侍郎笺》

四、杨延辉，坐宫院，自思自叹，想起了，当年事，好不惨然！我好比，笼中鸟，有翅难展；我好比，虎离山，受了孤单；我好比，南来雁，失群飞散；我好比，浅水龙，困在沙滩；……

——京剧：《四郎探母》

五、黛玉笑道："别的草虫不画罢了，昨儿母蝗虫不画上，岂不缺了典！"

——《红楼梦》

六、水肿着脸的汉子，像鳄鱼慢而吃力地爬起来。

——骆宾基：《一星期零一天》

以人和物相比，人只有一个单位，而物的种类是无尽的。所以在拟人法里，不必再加上“像人一样……”的字样，这一半也是因为作者和读者都是站在人的立场上的缘故；倘是拟物，就必须指明物类，例如“笼中鸟……”“浅水龙……”或者“像鳄鱼……”等等，人们才能从所指明的物类的名称里，悟出这物类的特性——也就是所比拟的类似点来。这样，物我交融，比拟也自然更能贴切了。

实在说来，无论明喻、暗示、借代、比拟，在我们日常的口语里，是应用得很多的，倘能仔细留心，则集合许多人的嘴巴，可正是一部学习修辞的好书哩。

十二　铺张和省略

修辞上还有两种常见的现象，这就是铺张和省略。

所谓铺张，通常是也包括夸大的，一句句子的含义需要特别强调的时候，我们就往往听凭自己的主观，张饰扬厉，过度地加以铺排和渲染，譬如说愁吧，李白就有“白发三千丈，缘愁似个长”的句子，正如鲁迅所说，我们以为也许有七八尺，但绝不相信它会盘在顶上像一个大草囤的；又譬如说战争吧，杜甫就有“边庭流血成海水，武皇开边意未已”的句子，同样地，我们以为血也许会流成沟渠，但绝不相信这里面可以停泊帝国主义的舰队，驶荡有闲阶级的游艇的。这就因为作者运用了夸大的说法的缘故。同样的例子还有：

一、周余黎民，靡有孑遗。

——《诗·大雅》

二、北冥有鱼，其名为鲲，鲲之大不知其几千里也；化而为鸟，其名为鹏，鹏之背不知其几千里也，怒而飞，其翼若垂天之云。

——《庄子·逍遥游》

三、力能排南山，文能绝地基。

——诸葛亮：《梁甫吟》

四、西北有高楼，上与浮云齐。

——《古诗十九首》

五、君不见黄河之水天上来，奔流到海不复回；君不见高堂明镜悲白发，朝如青丝暮成雪。

——李白：《将进酒》

六、窗含西岭千秋雪，门泊东吴万里船。

——杜甫：《绝句》

七、原来李逵但是上阵，便要脱膊，……被曾升一箭，腿上正着，身如泰山，倒在地上。

——《水浒传》

八、到了净慈寺，有十多里路，真乃五步一楼，十步一阁。

——《儒林外史》

夸大的辞句普通以应用在诗赋里的为最多，那目的，是在加强文章的感人的力量，但在应用的时候，必须使读者明白这是感情上的夸张，并非事实，否则，那就等于实际上的说谎，和原意完全相背了。

不过铺张也不只限于夸大。电影里有所谓特写的镜头，普通的文章里，把某一事物特别提出，加以精细地描写的，也叫作特写，这也正是铺张的一种。一个细心的作者，常常把老年人脸上纵横的皱纹，哀伤者眼角流下的泪珠，出力地加以刻画、描写，通常小说里对于人物和自然，也往往采用这样的方法，例如：

一、一个是秃头，单是从耳根到后脑，生着一点头发。而且他和那伙友两样，总喜欢使身子在动弹。脸呢，颧骨是突出的，太阳穴这些地方却陷得很深。但下巴胡子却硬，看去好像向前翘起模样。小眼睛，活泼泼地，在阔大的额下闪闪地发光。在暗夜里，这就格外惹眼。上唇还有一点发红的小胡子，不过仅可以看得出来。

——S. 玛拉式庚：《工人》

二、这是一个瘦长子人，面孔白净，五官摆得端端正正的，没有丝毫说头；只是留心不得，眼睛过细，嘴巴微微张开，以致使他随常带着一种神气，好像他在幻想着一件十分恼人的事件一样。

——沙汀：《防空——在堪察加的一角》

三、挂着成了蛛网一般的红旗的竿子，突出在工厂的烟囱的乌黑的王冠里。那是春天时候，庆祝之日，在快乐的喊声和歌声的欢送中挂了起来的。这成为小小的血块，在苍穹中飘扬。从平野，树木，小小的村庄，烟霭中的小市街，都望得见。风将它撕破了，撕得粉碎了，并且将那碎片，运到被死寂的斜坡所截断的广漠里去了。

——N. 略悉珂：《铁的静寂》

四、铁栅的疏影，被夕阳的余光倒射在地上，好像画在地上的金红色的格子。

——郭源新：《黄公俊之最后》

五、五月的熏风在田野巡游，麦穗沉颠颠俯下去又抬起来，汇成闪光的巨浪，一波一波的源源滚来。

——芦焚：《归客》

上面所写的人像（第一、二例）、旗帜（第三例）、栅影（第四例)、麦浪(第五例),都曾经过作者细心的刻画,正如电影里的特写一样,这些可以说是文章里的放大了的画面,我想,以事理论,也正是属于铺张的范围的。

这些所谓放大了的画面,只要稍稍留心,在普通的文章里,常能找到。譬如关于王冕的记载吧,宋濂《王冕传》里的“及入城,戴大帽如蓰,穿曳地袍翩翩行,两袂轩翥,哗笑溢市中”。原也不算简略,但一到了吴敬梓的手里,可就更为放大,更为细致了:

> 他便自造一顶极高的帽子,一件极阔的衣服,遇着花明柳媚的时节,把一乘牛车载了母亲,他便戴了高帽,穿了阔衣,执着鞭子,口里唱着歌曲,在乡村镇上以及湖边,到处顽耍。惹的乡下孩子们三五成群,跟着他笑,他也不放在意下。
>
> ——《儒林外史》

此外,我们如果把陈寿《三国志》和罗贯中《三国演义》,《大唐三藏取经诗话》和《西游记》,百十五回本《水浒传》和百二十回本《水浒传》来对照一下,一定可以找到更好的例证。

不过,铺张——无论是夸大或特写,必须在适当的时候,才加应用，倘非必要，则吹吹捧捧的叙述，琐琐碎碎的描写，反足以减少文章的力量，不但破坏形式，而且损害内容。真所谓“以词害意”了。因为无论哪一种文章，首先，是必须避去拖沓累赘，以简洁为出发点的。

这也就是我们还得讲究省略的缘故。

文章作法上的所谓剪裁，原是一种削去蔓冗，调整句法的工作，和我们这里所讲的省略，并无不同。所以在意义上，省略也正是使句子洁净的办法，最普通的如：

一、寺钟悲哀的发了响，太阳如紫色的船，沉到金色的海里去。寒蝉一见这，便凄凉的哭起来了。

——爱罗先珂：《池边》

二、虽然没有进步，也未必有如我所感的悲凉。

——鲁迅：《故乡》

三、“小鸡总还是和小鸡玩耍好，而小鸭便去和小鸭。”

——爱罗先珂：《小鸡的悲剧》

上面这三个例子里，一、“寒蝉一见这”下面省去了“光景”；二、“也未必有如我所感的”下面省去了“情形”；三、“而小鸭便去和小鸭”下面省去了“玩耍”，这些都只是字面上的省略，在意义上，却并不缺少什么。同样的例子我们也常从书信上找到，比如：

一、但值登高，西南引领，即怅然终日，近稍能饮酒，终日可饮十五银盏，他日粗可奉陪于瑞草桥路上，放歌倒载也。

——苏东坡：《与王庆源书》

二、别来从句读中暗度春光，不知门外有酒杯花事，每忆祇园昙观，草绿鸟啼，追随杖履之后，笑言款洽，如此佳况，忽落梦境矣。

——陈继儒：《与王元美书》

这里最为明显的，是省去了关系之间的称谓词，因为书信的读者只有一个，所有的话都是对收信人说的，多加称呼，只不过浪费笔墨而已。所以古来名家，草翰用句，对于不必要的称兄道弟，统统省脱，而叙述之隶属自明。即如上面第一例，倘加称谓，至少可以放上好几个“兄”“弟”的字样，变为：

弟但值登高，西南引领，即怅然终日，弟近稍能饮酒，终日可饮十五银盏，他日弟粗可奉陪兄于瑞草桥路上，与兄放歌倒载也。

这样一来，不但字数增加，而且句子也反而累赘了，上面所说的还只是字面上的省略，同样地，在内容上，无论是所含的意思或是所叙的事件，也都有加以省略的，例如：

一、太祖军至濡须，彧疾，留寿春，以忧薨。时年五十，谥曰敬。明年，太祖遂为魏公矣。

——陈寿：《三国志·荀彧传》

二、庭有枇杷树，吾妻死之年所手植也，今已亭亭如盖矣。

——归有光：《项脊轩志》

三、表现得最分明的是电车上的卖票人，纯熟之后，他一面留心着可揩的客人，一面留心着突来的查票，眼光都练得像老鼠和老鹰的混合物一样。

——鲁迅：《揩油》

第一个例子里的“明年，太祖遂为魏公矣”，是说荀彧一死，曹操就进爵魏公，可见荀彧不死，曹操做魏公还有顾忌，陈寿并不把这种意思明说出来，而语气十分明白，这是用暗示的方法，以达到意思的省略的；第二个例子里，借枇杷树的亭亭如盖，揭示死者已杳，而感慨无已，归有光并不曾把这种意思明说出来，而语气十分明白，这也是用暗示的方法，以达到意思的省略的；第三个例子里，就用大家所熟悉的老鼠和老鹰的眼光，来比拟电车上卖票人揩油时的神态，而读者也仿佛看到了那种“敏锐”“尖利”的眼神，这回却是用比拟的方法，以达到意思的省略了。至于事件的省略则更为简单，一篇文章里所叙述的事件，互有轻重，重要的需要详细描写，不重要的轻轻带过，或者竟不加叙述，例如：

一、他于是教书去了；大家也走散。

——鲁迅：《鸭的喜剧》

二、于是我们走到街上，由西藏路口，走到永安公司，一切情形如我车上所见的。

——郑振铎：《街血洗去后》

三、一口气赶到老闸捕房的门前，我想参拜我们的伙伴的血迹，我想用舌头舔尽所有的血迹，咽入肚里。

——叶绍钧：《五月三十一日急雨中》

四、予既为此志，后五年，予妻来归。

——归有光：《项脊轩志》

五、及长，更历忧患，颠顿狼狈，奔走道途，忽忽已二十年。

——朱琦：《北堂侍膳图记》

六、七天之后是落葬的日期，合城很热闹。

——鲁迅：《铸剑》

七、后来警报解除，我一个人先去“拖渡”上睡觉，也不管飞机会不会再来。

——巴金：《从广州出来》

八、正是船抵香港的头一天，晚饭后，三三两两在闲谈着些不着边际的话。

——王统照：《旅途》

一、二、三三个例子里的“他于是教书去了”“于是我们走到街上”“一切情形如我车上所见的”“一口气赶到老闸捕房的门前”，全都轻轻带过，不加细述；第四个例子到第八个例子里的“后五年”“及长”“七天之后”“后来”“晚饭后”，则是把事件割断，完全不加叙述地从前面跳到后面去。倘要咬文嚼字起来，以省略的程度论，则可以说前者是省，而后者却是略了。

总之，无论是铺张或是省略，都是一种调节文字的工作，在运用的时候，必须求其合乎分寸，这才可以免去铺张过甚时候的臃肿病，和省略太多时候的骨立症了。

十三　怎样写会话

会话是文章的主要项目的一种，在叙述文里，常常少不了会话的穿插，有些还是通篇都用会话的。议论文、说明文、记述文、抒情文等，因为通常只是作者站在自己的立场上说话，文中的人物没有开口必要，所以用到会话的机会也很少。但是，倘使议论、说明、记述、抒情而又兼有叙述的性质，则也仍旧还有夹用会话或全用会话的，古代的如《论语》《孟子》《前赤壁赋》等，新文学里如鲁迅的《狗的驳诘》《死火》《过客》，茅盾的《杂记一则》等，都是这一方面的例子。

就大体说，会话的形式有两种，一种是直接的，例如：

“是从哪里来的呀？”她问道。

"火线上。"

"你怎么啦？"

"挂彩了。"

——芦焚：《无名氏》

还有一种是间接的，例如：

……后来我也在临时市场里走了一转，正想吃一碗红薯汤，广东朋友忽然跑进来找我，说飞机要来了，站长叫乘客们往各处躲避一下。

——巴金：《从广州到乐昌》

这里的"广东朋友跑进来找我，说飞机要来了"，本是一段直接的会话，而"站长叫乘客们往各处躲避一下"，虽自"广东朋友"的口里说出，原来也当然是一段直接的会话，不过一经作者转述，终于由直接的变为间接的，失去会话原有的语气和形式，和上下文调和起来，混成为一种口气了。

在普通的会话里，直接语可以转成为间接语，间接语也可以转成为直接语，主要是随着需要来决定。下面这两段文章，虽然会话的语气有直接和间接的分别，但意义却是完全一般的：

一、我也不动，研究他们如何摆布我；知道他们一定不肯放松。果然！我大哥引了一个老头子，慢慢走来；他满眼凶光，怕我看出，只是低头向着地，从眼镜横边暗暗看我。大哥说："今天你仿佛很好。"我说："是的。"大哥说："今天请何先生来，给你诊一诊。"我说："可以！"其实我岂不知道这老头子是刽子手扮的！无非借了看脉这名目，揣一揣肥瘠：因这功劳，也分一片肉吃。

——鲁迅：《狂人日记》

二、我也不动，研究他们如何摆布我；知道他们一定不肯放松。果然！我大哥引了一个老头子，慢慢走来；他满眼凶光，怕我看出，只是低头向着地，从眼镜横边暗暗看我。大哥说我今天仿佛很好，我说是的，他又告诉我今天请何先生来给我诊一诊；我答应了。其实我岂不知道这老头子是刽子手扮的！无非借了看脉这名目，揣一揣肥瘠：因这功劳，也分一片肉吃。

大抵不需要特写的场面，宜于用间接会话来叙述，倘要仔细描写，这就非用直接会话不可了。所以通常的所谓会话，是专指直接会话的，间接会话完全和普通的叙述文一样，没有特殊的形式，不必另行讨论。因此下面所要谈及的，也就偏于直接会话的一面。

从会话的人数来看，直接会话又有独白、对话以及多人（两个人以上）会话等等的分别。独白是没有听话的对手，自己对自己说话，也就是旧小说里的所谓“自言自语”。按照常例，以应用在戏剧里的为最多。中国旧戏里，当一个角色上场的时候，首先得自报姓名和籍贯，戏曲里多有这样的例子，如：

（生巾服上）吐凤惭称八斗才，寻诗曾上越王台；海潮欲斗霜毫健，为沐韩苏教泽来！小生阳曰旦，字伯明，琼州人也。家传《诗》《礼》，名列胶庠，黄绢词新，灿烂盈囊锦绣；青灯功苦，折磨利市襕衫。负笈担簦，四方有志，乘风破浪，万里轻游。昨以访寻故旧，来至雷州，游眺数月，归兴忽来，已与同里袁吴两君相约，托其代觅归舟，挈伴回里，想必便有回话也。

——《神山引曲》

以情理论，一个人绝不会对着空间，自报姓名，大讲其生平事迹的，除非这个人是痴子。所以，新型的戏剧里，大都把这种地方设法避去，竭力保持着表现的真实性。但因为戏剧不能全靠侧面描写来烘托出人物的性格，一到故事限制了人数，动作又趋于窘迫时，只得仍旧利用独白，例如普式庚的《奥涅庚》（今译普希金《奥涅金》，编者注）里，当奥涅庚接到泰蒂娜的信，计划着怎样回答的时候，就有一段冗长的独白。这原是不得已的办法，普通的叙述文里，是不会有的。

不过在日常生活里，我们也不能说绝对没有独白，独白是有的，不过比较简短，并不冗长而已。在郁闷的时候也会有一声叹息，在痛苦的时候也会有几句呻吟，不满意于某人或某事的时候，则又有背地里的唠叨。

这些都是独白的现成的例子。

对话和多人会话都有听话的对象，在性质上并无什么不同，写法也是完全一律的，不过多人会话里因为人物较多，更须注意说话时的次序和条理，语法和口气，动作和姿势，等等，因此也必须加上较多的说明，例如：

……旅长瞪着两只闪出凶光的眼珠在眼眶里转了两转，喝声：

“走！”

马上站起，大声喊道：

“马弁！”

太太一把将他的手拉住：

“唉，天呀！你要哪里去呀！”

旅长把她的手一甩，喝声：

“你别管我！”

太太仰身倒在床上，就哭起来了。张副官赶快拿手拦住旅长道：

“旅长！去不得！不好太去冒险吧？是吧？”

赵军需官也在旁拦住：

“请旅长考虑考虑一下！旅长应该保重身体要紧！旅长这样的年纪了，犯不上去冒这样的危险！重要的是先想一个办法！”

这几句话，石头似的打在旅长的心上。

旅长顿了一脚，叹口气道：

“唉！我的大势去矣！”

太太更加大声抽搐起来。……

——周文：《烟苗季》

这里是四个人在谈话，每一句话都加了说明，一方面固然是要表出谈话者的动作和姿势，另一方面，则是要指明这说话者是谁，免得彼此混淆。这在多人会话里是必要的，倘是两个人对话，除了不可少的动作的表明外，就不必再用“甲说”“乙说”，来指出谁在说话了，例如：

“阿梅，这时候我要出去一下，——”

“这么早就出去？”

“你不要多问，回头到七点钟不要忘记，把五小姐叫起来，我大半八点钟就回来的。”

“是，小姐。”

“你不要东跑西跑，提防太太会叫你。”

“我知道，大小姐。”

——靳以：《前夕》

上面是两个人的应对，看语气，就可以知道一、三、五是所谓大小姐说的，四、六是一个叫作阿梅的丫头的对话，一来一往，并无第三个人在插嘴，所以也就无须再加说明了。会话里加入说明，有三种不同的方式，一种加在前面，一种加在后面，还有一种插入中间，例如：

一、刘波用他的粘带着尘土的手把那只柔软的手紧紧捏着，笑问道：“你到哪里去了？”

二、“文淑，你不要误会我，我真正在夸奖你，”刘波连忙分辩道。

三、“不，不，”文淑接连地摇摆着头，装着生气的样子说，“我晓得你们都看轻我，你们都说我是小姐。……”

——巴金：《火》

按照中国的老例，说明是必须加在会话前面的，刘半农在《中国文法通论》里，对于后两种就加以讽刺，认为不必要。他反对欧化。不错，这确是欧化的句法，为了使中国语法精密起见，采用一些，却也不能算作崇洋心理的表现。然而为什么是精密的呢？这理由很简单。中间前后，变化应用，就文章的形式说，可以免去“子曰：学而时习之”“子曰：为政以德”“子曰：里仁为美”，或者“宋江道，……”“张顺道，……”“李逵道，……”等等刻板的公式，展开绚烂多彩的场面；就事实说，也可以区别时间的先后，使动作和语言合拍。譬如上面第二个例子里，先写出所说的话，再加说明，以示刘波的分辩，是紧接着对方的嗔怪的；第三个例子里，把说明夹在中间，以示文淑说着“不，不”的时候，摇着头，再说下去，到了“我晓得你们都看轻我，你们都说我是小姐……”以下，却只装着生气的样子，不再摇头了。这里，动作和语言是互相呼应的。说明的适当的安插，往往可以使动作更趋于真实，而会话的本身也就格外生动了。

但是，单单讲究这些，是不够的，一面还得注意会话的用语。高尔基在《我的文学修养》里，提起法国作家在小说里所写的会话，他说："我总是叹服着从巴尔扎克起，以至一切法国人的用会话来描写人物的巧妙，把所描写的人物的会话，写得活泼泼地好像耳闻一般的手段，以及那对话的完全。"其实，这种用会话来描写人物的手段，原为世界著名作家所常用，不仅法国如此的，中国旧小说如《水浒传》《红楼梦》之类，也以用会话刻画人物出名，其中尤以《水浒传》为巧妙。金圣叹说《水浒传》写一百零八个人性格，便有一百零八种样子，而且"一样人便还他一样说话"，这不免夸张了一点。但主要人物如李逵、武松、鲁智深、林冲、吴用、杨志、宋江等，个性是非常分明的，因此讲话的口气，彼此也颇为不同。例如下面这段会话里，就刻出了三种不相类似的个性：

宋江让鲁智深坐地。鲁智深道："久闻阿哥大名，无缘不曾拜会，今日且喜认得阿哥！"宋江答道："不才何足道哉！江湖上义士，甚称吾师清德，今日得识慈颜，平生甚幸！"杨志起身再拜道："杨志旧日经过梁山泊，多蒙山寨重义相留，惟是洒家愚迷，不曾肯住，今日幸得义士壮观山寨，此是天下第一好事。”宋江答道：“制使威名，播于江湖，只恨宋江相见太晚。”

鲁智深是直遂阔大；宋江是谦卑权变；杨志于爽豁中带着文秀。金圣叹说他有富家子弟的体统，我想，是确凿的。这种见面时的应酬语，已经有着这样不同的意味，别的地方自然更为精辟了。又如卢俊义捉住了史文恭，宋江要依照晁盖遗言，立卢俊义为山寨之主，众兄弟不服，于是就有下面这一段力争的文章：

……只见黑旋风李逵大叫道：“我在江州，舍身拼命，跟将你来，众人都饶让你一步。我自天也不怕！你只管让来让去，假甚鸟！我便杀将起来，各自散伙！”武松见吴用以目示人，也上前叫道：“哥哥手下许多军官，都是受过朝廷诰命的，他只让哥哥，如何肯从别人！”刘唐便道：“我们起初七个上山，那时便有让哥哥为尊之意，今日却让后来人！”鲁智深大叫道：“若还兄长要许多礼数，洒家们各自撒开！”……

这四个人，都是以率直鲁莽见称的，但看他们的说话，则这率直鲁莽的程度，却又各各不同。金圣叹在每一段话的下面，都批着："妙！妙！天生是 × × 语！"不错，仔细读来，各人的语言，的确是完全合于各人的个性，彼此不能掉换的。

新文学家里面，以会话描写人物，较为成功的，是茅盾和张天翼。手头有一本茅盾翻译的《桃园》，其中写会话颇多独到之处，然而那可是弱小民族作家的作品。例如匈牙利作家 F. 莫尔奈的《马额的羽饰》，完全是用对话织成的，写小女儿对于生死的无知，真有栩栩欲活的神情：

琼尼（低声）：嘘！彼得！

彼得（并不转过头去）：你么，琼尼？走进来。

琼尼（走近病榻，低语着）：嗳，彼得，我可听见医生说的什么？他说你要死了。

彼得：不骗我？

琼尼：骗你不是人。他说你就要死了……彼得，你那铜球和那会走的陀螺给了我好么？

彼得：我不能够，可是我可以把口琴给你。

琼尼：为什么你不能够？假如你死了，那不是一样……

彼得：一样的，我不能给你，我自己要。（想了一会）并且，我还不想死呢。

琼尼（劝诱状）：医生说你要死的，我告诉你，并且你的母亲哭了。

彼得：母亲哭了？

琼尼：自然哭的。你的父亲也哭。可是那医生不哭……说能吧，给我那个铜球……反正你也是拾来的。

彼得：就算是拾来的那一样是我的东西。谁拾的谁得！（漠然）那是什么意思……你几时死呢，琼尼？

琼尼（想了一想）：我不知道。（忽然像感触了灵机，傲然道）我的祖父去年死了。

在《公安局里》，克罗地作家伊凡·克尔尼克又替我们画下了一个这样的典型：

局长孚尔鲍伐克的满腔怒气一齐发作，破口大骂道：

"不许你多嘴！你这下流的畜生一样的囚犯！你倒老早想好了在本局长跟前狡赖么，你老婆的背脊还在那里痛呢！"

"我请求您明察，——"

"还不给我闭了你这张鸟嘴！休想撒谎，你没有碰过你的老婆！她天天给你做工，做你的奴隶，她的手上全起了泡，她给你享福。你倒打她！你不和她亲嘴，你倒打她，——哼，你应该吻她那双做起了泡的手才是！在咱们美丽的克罗地境界里竟有伸手打老婆的男子汉，这真是国耻！真是国耻！”

“求你——”

“本局长在这里说话，你还敢多嘴！”玛底邪·孚尔鲍伐克怒极了，砰的一声拍着桌子。“你想狡赖么？呵？你好大胆啊！你看他！”玛底邪转脸对着书记官，“不去吻他老婆那双做起泡的手，反倒打她！这么一个家伙还算得是人么？还不是囚犯，还不是该死的贼囚犯么？”

这些会话的生动，主要是因为用语的确当。让书中的人物说怎样的话，这是作者亟应注意的问题。首先，我以为是要适合各人的口吻，因为孩子有孩子的语汇，老爷有老爷的语汇，从年龄、阶级、地域、性别、时代、身份、职业乃至性格，都是各不相同的。旧时一个种田人的口里，绝不会有“宗旨”“目的”“生产”“消费”等等的字眼，一个村学究的口里，绝不会有“下意识”“死亡率”“相对性”“绝对性”等等的字眼；南方话和北方话不一样，古代语和现代语不一样；“杀千刀”固然不会和“他妈的”联盟；“格倒难弄呱”和“乃遭犯关来”又颇为不同；更何况流氓有切口，老爷有官话，读书人有“之乎者也”！而且一面也还得注意发音的不同：

> “伊和希珂先，没有了，虾蟆的儿子。”傍晚时候，孩子们一见他回来，最小的一个便赶紧说。
>
> ——鲁迅：《鸭的喜剧》

“伊和希珂先”其实是称“爱罗先珂先生”，因为孩子年幼，发音不准，终于说成这个样子了。还有：

> “这这些些都是费话，”又一个学者吃吃的说，立刻把鼻子涨得通红。“你们是受了谣言的骗的。其实并没有所谓禹，‘禹’是一条虫，虫虫会治水的吗？我看鲧也没有的，‘鲧’是一条鱼，鱼鱼会治水水水的吗？”他说到这里，把两脚一蹬，显得非常用劲。
>
> ——鲁迅：《理水》

“这这些些”“虫虫”“鱼鱼”“水水水”等，都是按照口语写下的，因为那说话的是一个口吃的学者。诸如此类的变化，在会话里多得很，真是说不清，讲不完的。

然而初学写作者也正不用担心。只要不断地学习，细心地向大众的口头听取、记住、分析、比较，删除了不必要的空话，把最足以代表一个人个性的语言储集起来，分类记录，积久就能够应用，而且，这样一来，无疑地，是会适合各人的口吻，描摹出不同的个性来的。

十四　所谓“文气”

古文家有所谓文气，也叫作气势，至今老先生们在论文的时候，还有“气充词沛”“气盛言宜”“浩荡磅礴”“条达酣畅”等等的评语，有些人甚而至于说“气势纵横，笔力足以辟易千人！”足见那力量的宏大，以及气势的被重视了。唐宋古文家如韩愈、柳宗元、李翱、苏洵、苏轼等辈，都是很讲究气势的，刘禹锡称道柳宗元的文章，说他以“气为干，文为支”；韩愈论文，也以为“气盛而言之，高下皆宜”。他们简直把气势看作文章的生命。侯方域说“秦以前之文主骨，汉以后之文主气”，这确是实在的情形。

然而这转变是怎样来的呢？

现在试读周朝的文章，大都简短，朴炼，不常看到虚字，真有点风骨嶙峋的样子，到了战国，辩士辈出，这些纵横家大都善于嚼舌，说话的技巧逐渐进步，因而影响到文章的写法：层次的分明和转折的加多，从此虚字也就交起好运来。所谓“吾善养吾浩然之气”，《孟子》一书，可以作为这时候的文体的代表。其后屈原胸怀不平，所做的文章也就波澜起伏，论气势，是颇为旺盛的，这就是后来的楚声的发端。但正式提出讲究文气的主张，却在汉末魏初的时候。

汉魏之间，讲究文气最力的，是曹丕。他在《典论·论文》里，特别提到文章的气势，说道：“文以气为主。气之清浊有体，不可力强而致，譬诸音乐，曲度虽均，节奏同检。至于引气不齐，巧拙有素，虽在父兄，不能以移子弟。”他既主张诗赋不必寓教训，又把文气看得天生似的，恁地自然，所以鲁迅说他是为艺术而艺术的一派，这见解很不错。不过就文论文，魏晋文章的所以能够抑扬有致，曹氏父子的功劳，是不能抹杀的。

然而照曹丕说来，“气之清浊有体，不可力强而致”“巧拙有素，虽在父兄，不能以移子弟”，才分注定，连最足以影响我们，最为我们敬爱的爸爸、哥哥，也都没有法子想。则所谓文气这东西，岂不是太过神秘了么？仔细想想，其实是并不尽然的。我们绝不会相信文曲星之类的胡说，因此也并无注定的才分，无论哪种东西，都可以学得，由学习而了解，而进步，而成功。

不过首先应该明白什么叫文气。

中国的所谓气，大都不可捉摸，但是，文气虽然不像氢气、氧气那样有实例可证，却也并不像理学上和医学上所讲似的玄妙，我想，倘能说得具体一点，举出例子，实在也易见分晓，不至于和丈二和尚打做一路，摸不着头脑的。然则究竟什么是文气呢？我们知道，一句句子的构成，或长或短，或张或弛，彼此是并不一律的，因此读起来的时候，我们从这些句子所得到的感觉，以及读出来的声音，也就有高低，有强弱，有缓急，抑扬顿挫，这就是所谓文气了。

这里，我们且先来看看句子对于文气的关系。

标点是传达说话时的语气的，所以，从标点上，往往可以看出文章的气势来。大抵用句号则声音由高而低，文气也就由扬转抑；用疑问号和感叹号则尾音较高，文气也就由抑转扬。一篇文章里的句子，绝不能全用疑问号和感叹号，也绝不能全用句号。参杂应用，使文章抑扬有度，读起来不单顺口，而且悦耳，应心，这才算作上乘的作品。于此，我们可以知道文气的跌宕，其实是根源于声调的转动的。

但是，一面也有关于句法的变化。

就长短说，大抵句短则气促，句长则气和。就张弛说，大抵句张则气势紧凑，句弛则气势松懈。凡属较长的句子，在顿逗处意义即已完备，随时可以截断的，是弛句，读起来费时较多，气势也就松懈，例如：

> 房东太太从楼下跑上来，慌慌张张的告诉他们，说街堂里已经有人连夜搬了家，警察并不阻止，看来情形恐怕不大好，她也想暂时到租界上去避一避风头，问他们怎么样。
>
> ——柯灵：《乐土》

这里，在“来”“家”“止”“好”“头”各字上，都可以停止，把逗号改作句号，在意义上也能独立。倘是张句，这就非一口气读完全句不可了，例如：

> 和往常一样，当我和母亲打着黄昏的石路从码头上回到家里来的时候，一踏进矮小而积尘的门框，便又瞧见父亲在屋的角落里动颤着手脚在编织竹篮或鸡笼。
>
> ——碧野：《夜航》

上面这句句子，必须从头读完，才能明白所含的意义，这就是张句的例子。按照通常的习惯，凡属意义相类，调子相似的排句，都属于张句的范围，文气因此也较为旺盛。但是，我们绝不能从松懈和紧凑上来区别文章的好坏，句子的或张或弛，文气的或盛或迂，完全是随着事实的需要的。

在下面这一篇文章里，我们将看到盛迂两面的实例：

秦王使人谓安陵君曰：“寡人欲以五百里之地易安陵，安陵君其许寡人？”安陵君曰：“大王加惠，以大易小，甚善。虽然，受地于先王，愿终守之，勿敢易。”秦王不说。（以上平叙。）安陵君因使唐雎使于秦。（平叙。）秦王谓唐雎曰：“寡人以五百里之地易安陵，安陵君不听寡人，何也？（略急。）且秦灭韩亡魏，而君以五十里之地存者，以君为长者，故不措意也。今吾以十倍之地，请广于君，（平叙。）而君逆寡人者，轻寡人欤！（转强。）”唐雎对曰：“否，（强。）非若是也。（强而缓。）安陵君受地于先王而守之，虽千里不敢易也，岂直五百里哉！（强。）”秦王怫然怒，谓唐雎曰：“公亦尝闻天子之怒乎？（高而急。）”唐雎对曰：“臣未尝闻也。（缓接。低平。）”秦王曰：“天子之怒，伏尸百万，流血千里。（高而强。）”唐雎曰：“大王尝闻布衣之怒乎？（低平。）”秦王曰：“布衣之怒，亦免冠徒跣，以头抢地耳。（低平。）”唐雎曰：“此庸夫之怒也，非士之怒也。（平而急。）夫专诸之刺王僚也，彗星袭月；（平而急。）聂政之刺韩傀也，白虹贯日；（平而急。）要离之刺庆忌也，苍鹰击于殿上。（平而急。）此三子者，皆布衣之士也，怀怒未发，休祲降于天，（平。）与臣而将四矣！（高极，强极，急极。）若士必怒，伏尸二人，流血五步，（平而急。）天下缟素，今日是也！（高极，强极，急极。）”挺剑而起，（急。）秦王色挠，长跪而谢之曰：（平叙。）“先生坐！（平弱。）何至于此！（平弱。）寡人喻矣！（平弱。）夫韩、魏灭亡，而安陵以五十里之地存者，徒以有先生也！（平弱。）”

——《战国策·唐雎不辱使命》

这一段文章里，文气的抑扬疾徐，是十分明显的。而且也合于事实的需要。中间的对照和急转，尤为出色。秦王说的“公亦尝闻天子之怒乎！”高亢急疾，完全是盛怒的天子的口吻，而唐雎的答语“臣未尝闻也”，偏偏缓缓接上，真是从容得很！其后唐雎历数三个刺客的故事，平铺急叙，到了“与臣而将四矣”，突然转到顶点，像一个迅雷，高极，强极，急极。形式配合着内容，在这里，细细吟味，就可知道上面那篇文章——推而至于无论哪篇文章的字里行间，实在是充塞着所谓文气的。

再如，在下面这阕词里，也有着同样的情形：

怒发冲冠，凭栏处潇潇雨歇。抬望眼，仰天长啸，壮怀激烈。三十功名尘与土，八千里路云和月。莫等闲白了少年头，空悲切！　靖康耻，犹未雪；臣子恨，何时灭！驾长车踏破贺兰山缺。壮志饥餐胡虏肉，笑谈渴饮匈奴血。待从头收拾旧山河，朝天阙。

——岳飞：《满江红》

这一阕词，正合于古语的所谓“悲歌慷慨”，在情调上，是壮烈的，所以通篇气势，如骤风急雨，十分紧凑。第一句“怒发冲冠”，陡然而来，第二句“凭栏处潇潇雨歇”，却轻轻接上，一张一弛，借眼前凄清冷落的景色，来加强胸中的悲愤，以文气论，可以说是曲尽蓬勃之致的。此外如秦少游《生查子》里的“月色忽飞来，花影和帘卷”，上句急促，下句迂缓，也有着同样的气度。

古文家里面，文章的气势最为汪洋排荡的，是韩退之和苏东坡。据金圣叹说，明末清初的时候有一句话，说韩退之的文章像海，苏东坡的文章像潮，几乎成了两人的定评。这种见解，我想，也是着眼于韩苏文章的气势的。韩文如《原道》《应科目与时人书》，苏文如《战国任侠论》《潮州韩文公庙碑》等，都饶于气势，其中尤以《潮州韩文公庙碑》为有名，王懋公说它奇气

“横布万世”，历代的文评家也一致推崇，可见文气是十分旺盛的了。但所以如此的缘故，其实不过在文章里多用调子相似的排句。在句子里多用前后呼应的虚字——就是现在的所谓接续词，使文气连贯，波澜增加，看起来十分壮观而已。

然而单靠看，这种波澜是看不出来的，前人的所谓“浩浩荡荡”“洋洋洒洒”，都是念诵时候的感觉，无论文言白话，除了看之外，我们还得下一点读的功夫。从前私塾里的教育方法，最重要的就是读，教师对学生不讲文法，不作解释，教会了字音，只是让他们一味死读，从《千字文》《百家姓》《幼学琼林》到《四书》《五经》一直读下去，读得多了，偶然也给讲一点文义，文法是莫名其妙的，可是记住了一定的格套，久而久之，居然也有读通的人物。到了现在，这种捉迷藏式的教育方法，早经淘汰，然而读的功夫的重要，却不能不郑重地加以提出。因为字句上的有些好处和毛病，是读得出，却看不出的。我想，即使白话文不便于朗诵，但在文气的调理上，至少也得做到默诵的地步。

对于初学写作者，这功夫尤为必要。

为了理解别人的文章，我们需要默诵；为了修改自己的文章，我们也需要默诵。鲁迅说过，他在写好一篇文章之后，总要复阅好几遍，“自己觉得拗口的，就增删几个字，一定要它读得顺口”，这所谓“顺口”，我以为也是专指气势的。

苏联文学顾问委员会《给初学写作者的一封信》里，讲到作家们修改自己文章的故事，那里面说：

> 托尔斯泰把杂谈哥萨克写了十余年，这个作品的各种草稿有五百余页。大家都知道，托尔斯泰把《战争与和平》曾改写了七次。莱蒙托夫一行都不苟且，写一行要改好几次。契诃夫曾说：“稿子要让它躺下医治。”冈察洛夫当时说道：“我的写奥勃莫洛夫，犹如斗牛一样。”冈氏的这部小说写了十年。

虽然这修改未必一定为了文气，然而使句子顺口，词儿通达，毕竟还是属于气势的范围。著名的作家尚且如此，初学写作者当然更应该谨慎将事，再三默诵，使文章的气势强弱合度，缓急适宜，这才是作文的主要的门径。